Arwen Schnack

Deutsch intensiv

Schreiben B1

Das Training.

Ernst Klett Sprachen
Stuttgart

1. Auflage 4 | 2025

Bitte beachten Sie: Dieser Band ist eine komplette Neuentwicklung (2022) mit dem Fokus auf Alltagsthemen. Die Inhalte der gleichnamigen Vorgängerausgabe sind unter dem Titel „Schreiben im Beruf B1" (ISBN 978-3-12-675479-8) weiterhin erhältlich.

www.klett-sprachen.de

Autorin: Arwen Schnack

Redaktion: Leoni Röhr
Layoutkonzeption: Greta Gröttrup
Gestaltung und Satz: Datagroup Int, Timişoara
Umschlaggestaltung: Greta Gröttrup
Titelbild: Getty Images (PeopleImages), München
Druck und Bindung: Plump Druck & Medien GmbH; Rheinbreitbach

Printed in Germany
ISBN 978-3-12-675439-2

Vorwort

Liebe Lernende, liebe Unterrichtende,

mit dem Intensivtrainer „Schreiben B1“ können Sie die Fertigkeit „Schreiben“ auf dem Niveau B1 trainieren. Sie finden hier viele verschiedene Textsorten, die Sie auf den Alltag vorbereiten.

Wer kann mit dem Buch arbeiten?

Mit dem Buch können Sie selbstständig oder im Kurs arbeiten. Hier haben Sie zwei Möglichkeiten: Entweder Sie bearbeiten alle Kapitel und fangen mit dem ersten Kapitel an. Oder Sie suchen sich die Themen heraus, die für Sie wichtig oder interessant sind. Bei der Auswahl der Themen hilft Ihnen das Inhaltsverzeichnis auf S. 5.

Wie übe ich mit dem Buch?

In jedem Fall sollten Sie als Erstes das Kapitel A bearbeiten. Hier finden Sie viele wichtige Informationen zu Briefen, Mails, Nachrichten und anderen Texten. Mit den späteren Kapiteln können Sie leichter arbeiten, wenn Sie alle Übungen in Kapitel A gemacht haben.

Wie bereite ich mich auf eine Prüfung vor?

In Kapitel I werden die Schreibaufgaben aus verschiedenen Prüfungen geübt. Konkret geht es um das Goethe-Zertifikat, das Österreichische Sprachdiplom Deutsch und die telc-Prüfung Deutsch auf dem Niveau B1. Auf die Schreibaufgaben in diesen Prüfungen können Sie sich mit dem Kapitel I gezielt vorbereiten. Oder Sie nutzen das Material als zusätzliche Übung.

Wie kann ich meine Texte kontrollieren?

Die Lösungen finden Sie am Ende des Buches ab S. 93. Für bestimmte Aufgaben gibt es nur eine richtige Lösung. Für andere Aufgaben sind verschiedene Lösungen möglich. Dies ist häufig so, wenn Sie längere Texte schreiben. In diesem Fall sind Beispiellösungen angegeben. Sie können Ihre Lösungen damit vergleichen und zum Beispiel kontrollieren, ob die Anrede stimmt oder die Struktur und die Redemittel gleich sind. Wenn Sie etwas anderes geschrieben haben und wissen möchten, ob dies auch richtig ist, fragen Sie am besten eine Muttersprachlerin oder einen Muttersprachler.

Manche Aufgaben sind sehr frei. Deshalb gibt es keine Beispiellösungen. Dann steht dort der Satz: „Eigene Lösung: Vergleichen Sie dazu den Hinweis im Vorwort und die Regeln, die Sie in Kapitel A gelernt haben.“ Um Ihren Text zu kontrollieren, können Sie ihn mit den Aufgaben davor vergleichen. Oder Sie bitten eine Muttersprachlerin oder einen Muttersprachler, Ihren Text zu korrigieren.

An verschiedenen Stellen finden Sie Checklisten. Hier lernen Sie, wie man eine bestimmte Textsorte am besten schreibt.

TIPP In den Tipps finden Sie Hinweise zur Sprache, zu verschiedenen Texten oder auch zur Landeskunde.

Dieses Zeichen bedeutet, dass Sie den Text in Ihr Heft oder auf ein Blatt Papier schreiben können.

Viel Spaß und Erfolg beim Schreiben wünschen Ihnen
Autorin, Redaktion und Ihr Ernst Klett Sprachen Verlag

So lernen Sie am besten

Mit dem Buch trainieren Sie das Schreiben. Dafür ist es wichtig, dass Sie viel schreiben und Ihre Texte kontrollieren und korrigieren.

Machen Sie alle Aufgaben eines Kapitels: Lassen Sie keine Aufgaben weg, auch wenn sie Ihnen einfach erscheinen. Lösen Sie die Aufgaben schriftlich, entweder mit Stift und Papier oder am Computer.

Lesen Sie im Alltag: Notieren Sie dabei Sätze, Wörter oder Redemittel, die Sie interessant finden. Verwenden Sie sie in Ihrem nächsten Text.

Wenn Sie schwierige Wörter lernen möchten: Schreiben Sie sie nicht Buchstabe für Buchstabe ab, sondern sehen Sie sich das ganze Wort genau an, decken Sie es dann mit einem Stück Papier ab und schreiben Sie es. Vergleichen Sie dann und korrigieren Sie falls nötig. So speichert Ihr Gehirn das ganze Wort als Bild, und Sie können es sich besser merken.

Wenn Sie am Computer schreiben: Stellen Sie Ihr Schreibprogramm so ein, dass es Fehler markiert (Rechtschreibprüfung). Merken Sie sich die Fehler. Sie können schwierige Wörter sammeln und später noch einmal extra üben.

Üben Sie, Texte richtig zu strukturieren: Dazu gibt es Regeln, die Sie im Buch lernen. Es hilft aber auch, wenn man sich vorstellt, wie eine andere Person den Text liest. Was muss diese Person zuerst wissen? Wie kann sie den Text am besten verstehen?

Schreiben Sie auch längere Texte: Üben Sie dabei, die Konnektoren richtig einzusetzen. Machen Sie dazu erst Notizen. Überlegen Sie dann, wo zum Beispiel Gründe, Folgen oder Widersprüche sind, und welche Konnektoren Sie brauchen. Schreiben Sie erst dann den Text.

Schreiben Sie sich eine persönliche Liste mit Fehlern, die Sie häufig machen: Das können zum Beispiel Grammatik- oder Rechtschreibfehler sein. Wenn Sie Ihre Texte korrigieren, achten Sie besonders auf diese Fehler.

Schreiben Sie korrigierte Texte noch einmal ab: So können Sie sich richtige Schreibweisen besser merken. Überlegen Sie: Verstehen Sie, welchen Fehler Sie gemacht haben und warum Sie ihn gemacht haben?

Wenn Sie sich auf eine Prüfung vorbereiten: Stoppen Sie Ihre Zeit mit einer Uhr. Üben Sie, die Aufgaben in der vorgegebenen Zeit zu schaffen.

Schreiben Sie im Alltag: Ihre Bekannten werden sich über Briefe, E-Mails oder Nachrichten freuen. Sie können auch für sich selbst kleine Texte schreiben. Führen Sie zum Beispiel ein Tagebuch auf Deutsch.

Inhalt

1 Informell, formell, halbformell

1 Kurznachrichten: Was passt wo? Ordnen Sie zu.

A

Hallo Özer! Nadja kann heute leider nicht zum Spielen kommen. Sie ist krank. ☹ LG

Ok, danke fürs Bescheidsagen. Gute Besserung 🧸 und bis bald!

B

Liebe Frau Priebst, Nadja kann heute leider nicht in die Schule kommen. Sie ist krank. Viele Grüße, Vadim Topolov

Lieber Herr Topolov, vielen Dank für Ihre Nachricht und gute Besserung an Nadja. Viele Grüße, Andrea Priebst

C

Sehr geehrte Frau Vitale, leider muss ich den Termin für heute absagen. Ich muss meine kranke Tochter betreuen. Hätten Sie vielleicht nächste Woche Dienstag Zeit? Entschuldigen Sie bitte die Umstände. Mit freundlichen Grüßen, Vadim Topolov

Sehr geehrter Herr Topolov, vielen Dank für Ihre Nachricht. Den Termin können wir gern auf Dienstag verschieben. Sagen wir um 11 Uhr? Gute Besserung an Ihre Tochter. Mit freundlichen Grüßen, Simona Vitale

1. Formelle Kurznachrichten: _____

- ✓ Anrede: *Sehr geehrte Frau* ___________, / *Sehr geehrter Herr* ___________,
- ✓ Anrede mit *Sie, Ihnen, Ihr, ...*
- ✓ keine Emojis, nicht zu viele persönliche Informationen
- ✓ Gruß am Ende: *Mit freundlichen Grüßen,*
- ✓ Vor- und Nachname

Geschäftliche Kurznachrichten sind sehr formell. Man schreibt sie an Leute, die man nur beruflich oder (noch) gar nicht kennt, z. B. Geschäftskunden oder -partner.

2. Private / Informelle Kurznachrichten: _____

- ✓ Anrede: *Hallo / Hey* _______, oder ohne Anrede
- ✓ Anrede mit du, dir, dein, ...
- ✓ verschiedene Emojis möglich
- ✓ Gruß am Ende: *Bis bald / Tschüss / Ciao /* Viele Grüße / ___________ oder Abkürzungen: *LG* (Liebe Grüße), *VG* (Viele Grüße), oder ohne Gruß
- ✓ Vorname oder persönliche Namen wie *Mama* oder *Tommy* (= Thomas) oder kein Name

Informelle Nachrichten schreibt man an Freunde und Familienmitglieder.

3. Halbformelle Kurznachrichten: _____

- ✓ Anrede: *Liebe Frau* ___________, / *Lieber Herr* ___________,
- ✓ Anrede mit *Sie, Ihnen, Ihr, ...*
- ✓ keine Emojis
- ✓ Gruß am Ende: *Viele Grüße, / Herzliche Grüße,*
- ✓ Vor- und Nachname

Halbformelle Nachrichten schreibt man an Leute, mit denen man sich siezt (also „Sie" sagt). Das können Personen sein, die man ein bisschen kennt (z. B. Lehrkraft der Kinder, Erzieher, Vermieter) oder die man auf der Straße oder in Geschäften häufig sieht (z. B. Nachbarn, Buchhändler oder Apotheker).

TIPP In Kurznachrichten steht sowohl hinter der Anrede als auch hinter dem Gruß ein Komma.

TIPP Benutzen Sie dieselbe Anredeform, die Sie sonst auch für diese Person verwenden: Wenn Sie im Alltag *du* sagen, schreiben Sie auch *du* und wählen Sie die informelle Nachricht. Wenn Sie im Alltag *Sie* sagen, schreiben Sie auch *Sie* und wählen Sie die formelle oder die halbformelle Nachricht.

2 Informelle Kommunikation

1 Private E-Mails

a Lesen Sie die E-Mail und die Checkliste. Korrigieren Sie die markierten Fehler in der Antwort unten. Schreiben Sie ʃ, wenn eine neue Zeile angefangen werden soll, und/oder --- , wenn ein Satzzeichen zu viel ist.

Betreff: Auto? ①

Liebe Sabrina, ②
③
ich hätte eine Bitte an dich ④: Ich habe meiner Mutter versprochen, sie nächstes Wochenende zu besuchen. Eigentlich wollte Ahmad mir sein Auto leihen, aber jetzt braucht er es doch selbst. Kann ich vielleicht am Samstag oder Sonntag dein ④ Auto nehmen? ⑤
Und noch eine Frage: Kann ich das Buch, das du ④ mir geliehen hast, Martin geben?
⑥
Liebe Grüße ⑦
Michael ⑧

Checkliste private E-Mails

- ✓ Betreff: Schreiben Sie kurz, worum es in der Mail geht. ①
- ✓ Anrede: *Hallo …* oder *Liebe/r …* Danach steht ein Komma. ②
- ✓ Nach der Anrede ist eine Zeile frei. Dann schreibt man klein weiter. ③
- ✓ Anrede mit *du, dich, dir, dein, …* ④
- ✓ Wenn man das Thema wechselt, schreibt man in der nächsten Zeile weiter. ⑤
- ✓ Vor dem Gruß ist eine Zeile frei. ⑥
- ✓ Gruß: *Liebe Grüße / LG / Viele Grüße / Viele liebe Grüße / Gruß / Schöne Grüße / Alles Liebe*
Danach steht kein Komma. ⑦
- ✓ Am Ende steht der Vorname in einer neuen Zeile. Danach steht kein Punkt. ⑧

Betreff: Auto?

Liebe (1) ________________ Michael,

Das (2) ______________ Buch kannst du Martin gern geben. (3) ________ Das Auto kannst du auch haben, am Samstag oder Sonntag. Aber schreib mir bitte, an welchem Tag du fahren möchtest. Dann kann ich besser planen. Ich warte auf Ihre (4) _____________ Antwort. (5) ________ Gruß, (6) ______ Sabrina

b Lesen Sie Felipes Antwort und ergänzen Sie Punkte und Kommas, wo nötig.

Liebe Sabrina (1) _____

vielen Dank, das ist nett! Ich würde gern am Samstag fahren (2) _____ Ich komme um 9, ok?

Liebe Grüße (3) _____
Michael _____ (4)

TIPP Im Gegensatz zu einer Kurznachricht (Unterkapitel 1) steht nach dem Gruß am Ende einer E-Mail kein Komma.

2 Private Briefe: Lesen Sie den Brief und die Checkliste und ergänzen Sie in der Antwort Anrede und Gruß.

Aberdeen, 23.09.20.. ①

Liebe Claudia, ②
③
vielen Dank für deinen ④ Brief zu meinem Umzug. Ich habe mich sehr gefreut, als er mit der Post gekommen ist, vor allem, weil hier alles neu ist und ich noch niemanden kenne. ⑤
Die Stadt ist wunderschön. Letzte Woche bin ich viel spazieren gegangen und habe ganz tolle Orte entdeckt. Es gibt hier zwei Flüsse, einen im Norden und einen im Süden. Dazwischen ist der Strand. ⑤
Unsere Studenten-WG ist ok. Die Zimmer sind klein (8m2), aber die anderen sind alle sehr nett. ⑤
Wie geht es dir ④ denn? Wie läuft die neue Arbeit?
Ich freue mich, wenn du ④ mir wieder schreibst.
⑥
Viele liebe Grüße ⑦
Katharina ⑧

Checkliste private Briefe und Postkarten

- ✓ Oben rechts stehen Ort und Datum. Dazwischen steht ein Komma. Nach dem Komma kann man den Artikel *den* ergänzen. Man kann das Datum auf zwei Arten schreiben. Entweder so: 23.09.2021 oder so: 23. September 2021. ①
- ✓ Anrede: *Hallo* … oder *Liebe/r* … Danach steht ein Komma. ②
- ✓ Nach der Anrede ist eine Zeile frei. Dann schreibt man klein weiter. ③
- ✓ Anrede mit *du, dich, dir, dein,* … ④
- ✓ Wenn man das Thema wechselt, schreibt man in der nächsten Zeile weiter. ⑤
- ✓ Vor dem Gruß ist eine Zeile frei. ⑥
- ✓ Gruß: *Liebe Grüße / LG / Viele Grüße / Viele liebe Grüße / Gruß / Schöne Grüße / Alles Liebe* Danach steht *kein* Komma. ⑦
- ✓ Am Ende steht der Vorname in einer neuen Zeile. Danach steht kein Punkt. ⑧

Augsburg, 1. Oktober 20..

(1) ______________________________,

wie schön, dass du mir so schnell zurückgeschrieben hast. Ich freue mich, dass es dir in Aberdeen gefällt.
Bei meiner Arbeit läuft es gut. Das Team ist sehr nett und ich habe mich schon an meinen neuen Arbeitsalltag gewöhnt.
Hier ist es noch einmal ganz sommerlich geworden und wir sitzen viel im Garten.
Ich soll dir schöne Grüße von Michi bestellen.

Alles (2) ______________________
Claudia

3 Formelle Kommunikation

1 Formelle E-Mails: Lesen Sie die Checkliste und die E-Mails und ordnen Sie zu.

[Mit freundlichen Grüßen (3x) • Sehr geehrter • Sehr geehrte • Sehr geehrte Damen und Herren]

Betreff: Buchung einer Gruppenführung

(1) ______________________________, ①

im ② Namen der Firma ITSolutions würde ich für den 28.6. nachmittags gern eine Gruppenführung für 18 Personen buchen. Da die Teilnehmerinnen und Teilnehmer unterschiedlich gut Deutsch sprechen, hätten wir gern eine Führung auf Englisch oder in einfachem Deutsch. Haben Sie ③ an diesem Tag noch Termine frei?
④
(2) ______________________________ ⑤
Leyla Hosseini ⑥

TIPP Beginnen Sie den ersten Satz nicht mit dem Wort *ich*. Das ist unhöflich.

(3) ______________________________ Frau Hosseini, ①

vielen ② Dank für Ihre ③ E-Mail. Gern bieten wir Ihnen ③ am 28.6. um 15 Uhr einen Termin für eine Gruppenführung in englischer Sprache an.
Bitte bestätigen Sie ③ den Termin.
④
(4) ______________________________ ⑤
Max Hochreuther ⑥

(5) ______________________________
Herr Hochreuther, ①

vielen ② Dank für Ihr ③ Angebot, das ich hiermit bestätige.
④
(6) ______________________________ ⑤
Leyla Hosseini ⑥

Checkliste: Mails an offizielle Stellen

- ✓ Anrede: Wenn Sie den Namen der Person nicht kennen oder nicht wissen, ob die Person ein Mann oder eine Frau ist, schreiben Sie *Sehr geehrte Damen und Herren*. Wenn Sie den Namen kennen, schreiben Sie *Sehr geehrte Frau* … oder *Sehr geehrter Herr* … . Danach kommt ein Komma. ①
- ✓ Schreiben Sie nach dem Komma klein weiter. ②
- ✓ Anrede mit *Sie, Ihnen, Ihr,* … ③
- ✓ Nach dem Text kommt eine freie Zeile. ④
- ✓ Gruß: *Mit freundlichen Grüßen* (ohne Komma) ⑤
- ✓ Am Ende steht Ihr Vor- und Nachname. Danach steht kein Punkt. ⑥

2 Formelle Briefe: Lesen Sie den Brief und die Checkliste und ergänzen Sie die Antwort.

Semira Bartels
Ochsenhofstraße 5
①+③ 50668 Köln

Tell-o-Tell
z. Hd. Herrn Abdulkarim Benaissa
Bonner Straße 3
50669 Köln ②+③

④ Köln, 23.07.20..

Kündigung meines Telefonvertrags ⑤

Sehr geehrter Herr Benaissa, ⑥
⑥
hiermit kündige ich meinen Telefonvertrag zum nächstmöglichen Zeitpunkt. Meine Nummer lautet: 0221-7496528.
Bitte bestätigen Sie die Kündigung.
⑥
Mit freundlichen Grüßen ⑥
Semira Bartels ⑥

Checkliste: Briefe an offizielle Stellen und Firmen

- ✓ Oben rechts steht, wer den Brief geschrieben hat, also der Absender. ①
- ✓ Darunter steht links, wer den Brief bekommt, also der Empfänger. ②
- ✓ Adressen schreibt man in drei Zeilen: 1. Name, 2. Straße und Hausnummer, 3. PLZ und Ort. Wenn man einen Brief an eine bestimmte Person in einem Amt oder Unternehmen schreibt, schreibt man diese direkt unter den Namen des Unternehmens. Davor steht *z. Hd.* (= *zu Händen*): *z. Hd. Herrn/Frau …*
  Vergessen Sie nicht das -n bei Herrn (n-Deklination)! ③
- ✓ Ort und Datum stehen auf der rechten Seite. (Datum: siehe Seite 8) ④
- ✓ In der Betreffzeile steht das Thema des Briefes. Dieses schreibt man **fett**. ⑤
- ✓ Anrede und Gruß, Zeilenanfänge, Kommas und Unterschrift sind genauso wie in der geschäftlichen E-Mail. ⑥

Tell-o-Tell
Bonner Straße 3
50669 Köln

(1) ______________________________
Ochsenhofstraße 5
50668 Köln

Köln, 31.07.20..

(2) ____________________ Ihres Telefonvertrags mit der Rufnummer 0221-7496528

(3) ______________________________,
hiermit bestätigen wir die Kündigung Ihres Telefonvertrags mit der Rufnummer 0221-7496528. Ihr Vertrag endet zum 31.10.20.. .

(4) ______________________________
Abdulkarim Benaissa
– Tell-o-Tell Kundenbetreuer –

4 Halbformelle Kommunikation

1 Eine Einladung

a Lesen Sie den halbformellen Brief und die Übung. Welche Elemente sind formell und welche informell? Kreuzen Sie an.

TIPP Halbformelle E-Mails und Briefe schreibt man an Personen, zu denen man *Sie* sagt und die man außerhalb der eigenen Wohnung immer wieder trifft. Das können Nachbarinnen und Nachbarn, Arbeitskolleginnen und Arbeitskollegen oder die Lehrkräfte der Kinder sein.

Meldorf, 08.05.20..

Liebe Nachbarinnen und Nachbarn,

ich bin letzte Woche neu ins Haus gezogen – ins Erdgeschoss rechts – und möchte Sie gern zu einem kleinen Treffen einladen, damit wir uns besser kennenlernen können. Ich würde mich freuen, wenn Sie am Samstag, 16.5., ab 19 Uhr bei mir vorbeikommen würden. Für Sekt und ein kaltes Büffet ist gesorgt.
Bitte geben Sie kurz Bescheid, ob Sie kommen, gern auch per E-Mail: LaBarbara@mail.de.

Viele Grüße
Barbara Selb

	informell	formell
1. Die Anrede *Liebe/r …*	◯	◯
2. Die Anrede mit *Sie*	◯	◯
3. Der Gruß *Viele Grüße*	◯	◯
4. Vor- und Nachname am Ende	◯	◯

b Was ist richtig? Kreuzen Sie an.

Ihre Feier am Samstag

(1) ◯ Liebe Barbara, ◯ Liebe Frau Selb, ◯ Sehr geehrte Frau Selb,

vielen Dank für die Einladung. Ich komme sehr gern zu (2) ◯ deiner ◯ Ihrer ◯ ihrer Feier. Ich freue mich schon darauf, (3) ◯ dich ◯ Sie ◯ sie kennenzulernen.

(4) ◯ Liebe Grüße ◯ Viele Grüße ◯ Mit freundlichen Grüßen
(5) ◯ Johnny ◯ John McDonahoe ◯ Herr McDonahoe

TIPP Es gibt zwei Arten der Anrede, die man normalerweise nicht mischt: Das *Sie/Ihnen/Ihr + Herr / Frau* (+ Nachname) ist für (halb-)formelle Kurznachrichten, E-Mails und Briefe reserviert. Das *du/dir/dein* (+ Vorname) verwendet man nur in informellen Kurznachrichten, E-Mails und Briefen. Wann kann man vom *Sie* zum *du* wechseln? Normalerweise bietet die ältere Person der jüngeren das *Du* an. Sie sagen z. B.: „Wollen wir nicht *du* sagen?“ Bei der Arbeit bietet der/die Vorgesetzte der Mitarbeiterin oder dem Mitarbeiter das *Du* an.

5 Freie Kommunikation: Forumsbeiträge, Kommentare & Co.

1 Freie Texte

a Welche Textsorten sind das? Ordnen Sie zu.

A

Digital unterwegs – schon im Kindergarten?

Kinder müssen die digitale Welt kennenlernen. Doch wie früh darf und soll man damit anfangen? Dazu gibt es verschiedene Meinungen. Uns interessiert, wie Sie darüber denken. Sagen Sie uns Ihre Meinung!

Kommentare:

altholz:

Ich bin froh, dass es noch keine Handys und kein Internet gab, als ich klein war. Wenn ich Kinder hätte, würde ich ihnen erst sehr spät ein Handy oder einen Computer kaufen.

Mama123:

Unsere Kinder wachsen ganz selbstverständlich mit modernen Medien auf, und ich sehe nicht, dass es ihnen schadet. Ich glaube, da braucht man wirklich keine Angst zu haben.

B

VogelChris 	Hallo zusammen, ich habe seit drei Wochen neue Vögel und sie gehen nicht baden. Ich stelle jeden Tag frisches Wasser hin, aber das interessiert sie nicht. Habt ihr Tipps, wie man sie zum Baden bringt? Christian
Spatz 	Hallo Christian, interessieren sie sich für Salat? Manche Vögel baden, wenn man ihnen Salat ins Wasser legt. Gruß
Gast	Also, meine baden auch nur im Sommer. Im Rest des Jahres putzen sie sich ganz normal. @ Spatz: Das mit dem Salat habe ich auch schon mal gehört.
VogelChris 	Vielen Dank für eure Ideen! Ich versuche es mal mit Salat. ☺

1. Notiz(zettel) _____
2. Forumsbeiträge _____
3. Kommentare _____

C

Ich bin heute Abend erst spät zu Hause.
Aber du kannst das Essen im Kühlschrank haben.
LG :-*

b Lesen Sie noch einmal und ergänzen Sie.

[Gruß • Anrede • Forumsbeiträgen]

Bei manchen Textsorten kann man frei schreiben. Man braucht keine (1) _____________________ und keinen (2) __________________. In (3) ________________________ findet man Anrede und Gruß etwas öfter als in Kommentaren. Wenn Sie hier direkt auf etwas antworten möchten, was jemand anderes gesagt hat, können Sie das mit @Username tun. In Foren und Kommentaren schreibt man oft *du*. Wenn Sie nicht sicher sind, sehen Sie nach, wie es die anderen machen.

6 Welche Textform ist das?

TIPP Die Unterscheidung von verschiedenen Textsorten ist nicht nur im Alltag, sondern auch bei Prüfungen wichtig. Sie bekommen Punkte, wenn Anrede, Gruß usw. zur Textsorte passen. Forumsbeiträge kommen auch in der Goethe-Prüfung B1, Teil Schreiben vor.

1 Informell, formell oder halbformell?

a Lesen Sie die Texte und ergänzen Sie die Lücken.

A

Betreff: Re: Kurs am Donnerstag

Lieber Herr Mielke,

vielen Dank, dass (1) ____________ bei dem neuen Türkischkurs am Donnerstag gleich an mich als Kursleiterin gedacht haben. Ich würde den Kurs gern übernehmen, habe aber donnerstags leider einen anderen Kurs. Können wir vielleicht einen anderen Tag vereinbaren?

Viele (2) ________________

Zeliha Özuguz

B

Beatrice Igbo
Staudenstraße 8
20095 Hamburg

Finanzamt Hamburg-Süd
Süderstraße 56
20093 Hamburg

Hamburg, 07.04.20..

Meine Steuererklärung für das Jahr 20..

(3) ________________________ Damen und Herren,

anbei sende ich (4) _______

C

Mumpitz: Der Interviewer hat total langweilige Fragen gestellt.

Rahel13: Ich fand das Interview sehr interessant. (5) ________ Mumpitz: Ich fand die Fragen nicht langweilig. Meiner Meinung nach

D

Hey! Ich bin um 3 bei (6) __________, ok?

E

Betreff: Re: Schulkonzert am Freitag

(7) _______________________ Sara,

ich kann euch am Freitag gern zum Konzert mitnehmen. Wenn (8) ___________ Lust hast, können wir vorher noch einen Kaffee trinken. Was meinst du?

L(9) __________

Jean

b Sortieren Sie die Texte nun von informell bis formell. Einen Text kann man nicht einsortieren.

informell ________ ________ ________ ________ formell

Diesen Text kann man nicht einsortieren, weil es hier keine festen Regeln gibt: ________

7 Kurz geschrieben

1 Notizen

a Lesen Sie die Situation und die Notizen. Ergänzen Sie dann die Checkliste und ordnen Sie die Zahlen zu.

Herr Hansen ist drei Wochen im Urlaub und hat Frau Fernandez gebeten, auf das Haus aufzupassen. Er hat im ganzen Haus Notizen für sie hinterlassen.

①
② Fenster: (3) Bitte zumachen, wenn es regnet! ② Hoffe aber, Sie haben gutes Wetter!

①
② Blumen nicht zu oft ③ gießen. Die mögen es trocken.

①
② Müll hab ich ④ rausgebracht. Wenn es komisch riecht: ② Spülmaschine einmal ③ laufen lassen.

[Verben • Personalpronomen • Infinitive • Anrede]

Bei Notizen…

- ✓ schreibt man meistens keine (1) ________________ wie *Liebe/r …* . ①
- ✓ lässt man Artikel und (2) ________________ oft weg. ②
- ✓ schreibt man für Aufforderungen oft (3) ________________ mit oder ohne „bitte". ③
- ✓ schreibt man (4) ________________ in der 1. Person Singular oft ohne -e: *(ich) hab* statt *(ich) habe.* ④

b Lesen Sie die Notizen aus einer WG. Was passt? Markieren Sie.

1. Hallo Leute! / – Den Kuchen / Kuchen könnt ihr essen. Hatte / Ich hatte schon genug.

2. Nach dem Kochen bitte Geschirr wascht ab / abwaschen und Herd macht sauber / saubermachen!

Hoffe / Ich hoffe, wir waren gestern nicht zu laut. Hab / Ich habe nicht gemerkt, dass es schon so spät war. Sorry!

c Lesen Sie die Informationen. Schreiben Sie dann Notizen für die Familienmitglieder.

1. Nadja hat ihren Schlüssel nicht gefunden. Sie kommt um 1 wieder. Sie hofft, die anderen Familienmitglieder sind dann da.	2. Herr Schrader möchte nicht, dass jemand aus der Familie den Wein trinkt. Er braucht ihn heute Abend zum Kochen.	3. Frau Schrader weiß, dass heute jemand aus der Familie einkaufen geht. Sie möchte, dass die Person nicht vergisst, Bananen und Pfeffer zu kaufen.

2 Verabredungen und Vorschläge

a Lesen Sie die Kurznachrichten. Was passt? Markieren Sie.

Hey! (1) *Können / Wollen* wir morgen ins Schwimmbad?

Oder vielleicht lieber in den Zoo? Morgen (2) *muss / soll* es nicht so warm werden.

Zoo ist auch schön. (3) *Lass uns / Sollen wir* nachher noch mal telefonieren.

Ok, bis später.

b Lesen Sie die Redemittel und ordnen Sie die Überschriften zu.

A Vorschläge machen; vorschlagen, was man machen kann

B Vorschläge annehmen; ja sagen

C Gegenvorschläge machen; eine andere Idee vorschlagen

1. ________	2. ________	3. ________
Oder vielleicht lieber …? Oder was hältst du von … ? Hm… Oder…?	Total gern. Gute Idee! Bin dabei! Ja, super.	Hast du vielleicht Lust, … zu …? Wollen wir …? Wir könnten … . Lass uns …

TIPP Achten Sie auf die richtigen Modalverben.

- *Wollen wir …? / Wir könnten …* = Ich schlage vor, …
- *Können wir …?* = Ich möchte bitte … Geht das?
- *Sollen wir …?* = Ich glaube, du möchtest …
- *Das Wetter soll …* = Die Meteorologen sagen, das Wetter wird …

c Ergänzen Sie die Kurznachrichten.

Hast du vielleicht (1) ______________, ins Kino (2) ______ gehen?

Total (3) ______________. Gute Idee! Lass (4) ___________ diesen Horrorfilm mit dem Clown gucken. Der läuft heute zum letzten Mal.

Hm… (5) ___________ eine Komödie? Ich hab Angst vor Horrorclowns.

:D Auch gut. Wir (6) ______________________ in die deutsche Komödie gehen, von der gerade alle reden.

Bin (7) ______________________! ☺

d Lesen Sie die Situationen und die Nachrichten und antworten Sie. Schreiben Sie ins Heft.

1. Sie schlagen vor, eine Fahrradtour an den See zu machen.
2. Am Samstag soll es sehr heiß werden. Sie schlagen vor, lieber im Wald wandern zu gehen als in die Stadt zu fahren.

1. Hey! Ist dir auch langweilig?

2. Wollen wir am Samstag nach Hamburg fahren?

3 Entschuldigungen

a Wie schlimm war die Situation? Sortieren Sie die Nachrichten auf dem Pfeil.

1. Entschuldige bitte, dass ich deinen Geburtstag vergessen habe! Das tut mir furchtbar leid!
2. Sorry, ich komm fünf Minuten später.
3. Entschuldigung, dass ich erst jetzt auf deine Nachricht antworte. Ich hatte so viel zu tun.
4. Bitte verzeih mir! Ich werde so etwas nie wieder tun! Bitte sei mir nicht böse!

________ ________ ________ ________

nicht schlimm ⟶ **sehr schlimm**

TIPP Das Verb *verzeihen* bedeutet *entschuldigen*. Es ist ein altes Wort, das man nicht mehr oft benutzt, aber es ist stärker als *entschuldigen*. Deshalb verwendet man es manchmal, wenn man eine Entschuldigung sehr ernst meint. *Entschuldige/Entschuldigen Sie bitte* ist stärker als *Entschuldigung*. *Sorry* kann man benutzen, wenn die Situation nicht sehr schlimm war. Das Wort passt aber nur in Kurznachrichten an Freunde und gute Bekannte. In formellen Briefen wirkt es unhöflich.

b Ergänzen Sie die Kurznachrichten.

[Entschuldigen • Verzeih • leid • sorry • sei]

Weißt du, wo der Kellerschlüssel ist?

Leider nicht, (1) ________________!

Ich habe leider eine ganz schlechte Nachricht: Das Kleid, das du mir geliehen hast, ist in der Waschmaschine kaputtgegangen. Das tut mir furchtbar
(2) ________________!
(3) ________________ mir! Ich habe nicht darüber nachgedacht.
Bitte (4) ________________ mir nicht böse!

Was?! Du hast mein Kleid in die Waschmaschine getan?!

Liebe Frau Ritter, (5) ________________ Sie bitte, dass es gestern bei uns so laut war. Ich hoffe, man hat den Lärm nicht bis in Ihre Wohnung gehört.

c Lesen Sie die Situationen und die Nachrichten und schreiben Sie Entschuldigungen.

1. Sie haben keine Zeit, weil Sie arbeiten müssen.
2. Sie haben Ihre Verabredung mit Mary im Café vergessen. Jetzt ist es zu spät, Sie sind am anderen Ende der Stadt.
3. Sie haben noch nicht geantwortet, weil Sie vorher noch mit einem Kollegen sprechen möchten. Sie beantworten die Mail morgen.

1. Hast du heute Zeit?
2. Bist du schon da? Ich sitze drinnen. Mary
3. Guten Morgen! Haben Sie meine E-Mail gelesen? Tom Ling

8 Einladungen

1 Jemanden einladen

a Was passt? Ordnen Sie zu.

A

B

C

1. ______

Hallo ihr beiden! Kommt ihr am Wochenende mit nach Köln? Wir fahren zum Holi-Festival (indisches Fest der Farben, macht total viel Spaß!) Wir freuen uns, wenn ihr dabei seid! LG, Kirana

2. ______

Betreff: Einladung zum Zuckerfest

Liebe Kristina,

wir möchten euch nächsten Samstag zu uns zum Zuckerfest einladen. Ich weiß nicht, ob ihr diese Tradition kennt: Mit dem Zuckerfest feiern wir das Ende des Fastenmonats Ramadan. Traditionell besucht man sich gegenseitig. Wir würden uns sehr freuen, wenn ihr kommen könntet.

Viele liebe Grüße
Erkan

3. ______

Passau, den 03.06.20..

Einladung zu meiner Bat-Mizwa-Feier

Lieber Tim,

hiermit möchte ich dich zu meiner Bat-Mizwa-Feier am 16.06.20.. in die Kulturfabrik einladen. Wir feiern, dass ich nun ein richtiges Mitglied unserer Gemeinde und nach jüdischer Tradition erwachsen bin. Ich würde mich sehr freuen, wenn du dabei bist. Du kannst auch gern jemanden mitbringen. Es wäre nett, wenn du mir bis zum 10.06. sagen könntest, ob du kommst.

Viele liebe Grüße
Ruth

TIPP Die Einladung sollte zu der Feier passen. Mit dem Anfang *hiermit* ist ein Text ernster und feierlicher, als wenn man mit *ich* oder *wir* anfängt.

TIPP Wenn Sie jemanden zu sich nach Hause einladen, müssen Sie nicht *mein Haus* schreiben. Schreiben Sie einfach *bei mir* oder *zu mir*.

b Schreiben Sie eine Einladungskarte und eine Einladungs-SMS wie in 1a.

1. für die Karte
- Wählen Sie ein Fest oder einen Feiertag nach Ihrer Tradition. Erklären Sie kurz, worum es geht.
- Schreiben Sie, dass Sie die Person einladen möchten. (Ort und Datum nicht vergessen!)
- Schreiben Sie, dass Sie sich freuen würden, wenn die Person kommt.
- Bitten Sie die Person, bis zu einem bestimmten Tag Bescheid zu geben, ob sie kommt.

2. für die SMS
- Sie möchten Ihre Freunde am Wochenende zum Fußballgucken einladen. (Ort und Wochentag nicht vergessen!)
- Schreiben Sie, dass Sie sich freuen würden, wenn die Freunde kommen.

2 Auf eine Einladung antworten

a Stehen die Sätze in einer Absage oder in einer Zusage? Kreuzen Sie an.

	Zusage	Absage
1. Es tut mir furchtbar leid, aber am … kann ich nicht kommen.	○	○
2. Zu deiner Feier am … komme ich sehr gern.	○	○
3. Vielen Dank für die Einladung, aber leider habe ich an diesem Tag einen wichtigen Termin, den ich nicht verschieben kann.	○	○
4. Ich habe mich sehr über die Einladung gefreut und komme gern.	○	○
5. Soll ich etwas Bestimmtes mitbringen oder anziehen?	○	○
6. Was bringt man denn traditionell zu diesem Fest mit?	○	○
7. Ich bin gespannt, was du von der Feier erzählst. Hoffentlich habt ihr gutes Wetter!	○	○
8. Für das Fest wünsche ich euch alles Gute. Hoffentlich kann ich nächstes Jahr dabei sein.	○	○
9. Ich freue mich schon auf euer Fest!	○	○
10. Ich wäre wirklich gern dabei! Ich wünsche dir alles Liebe und Gute für diesen Tag!	○	○

b Absagen formulieren und begründen. Ein Wort fehlt. Welches ist es? Ergänzen Sie.

Es tut mir furchtbar leid, aber am Freitag kann ich nicht kommen. Ich muss ____________ arbeiten .

____________ kann ich heute Abend nicht kommen, denn ich habe keinen Babysitter gefunden.

Am Samstag habe ich ____________ keine Zeit, weil die Kinder im Schulkonzert spielen. Da muss ich einfach dabei sein.

____________ habe ich an diesem Tag einen Termin, den ich nicht verschieben kann.

Ich würde furchtbar gern kommen, aber ____________ habe ich am Samstag ein wichtiges Fußballspiel.

Überall fehlt das Wort ____________.

TIPP Eine Absage ist höflicher, wenn Sie *leider* schreiben und begründen, warum Sie nicht kommen können. Sagen Sie auch, warum Sie den anderen Termin nicht verschieben oder absagen können.

TIPP Nach Begründungen mit *weil* und *da* kommt ein Nebensatz. Das Verb steht am Ende. Nach *denn* kommt ein Hauptsatz. *Denn* steht auf Position 0 (*Denn ich habe…* Nicht: ~~*Denn habe ich…*~~) Sie können eine Begründung auch ohne Konjunktion schreiben.

c Lesen Sie und schreiben Sie die Antworten auf die Einladungen in 1 ins Heft.

1. Sandra und Lilly möchten mit Kirana auf das Holi-Festival in Köln fahren. Sie fragen, ob Sie etwas Besonderes anziehen oder mitbringen sollen.
2. Kristina bedankt sich für Erkans Einladung. Sie möchte kommen und fragt, was man traditionell zum Zuckerfest mitbringt.
3. Tim beantwortet Ruths Brief zwei Tage später. Er kann nicht zu Ruths Feier kommen, weil sein Opa an diesem Tag seinen 80. Geburtstag feiert und die Familie schon lange ein großes Fest plant. Er wüscht ihr alles Gute für ihre Bat-Mizwa.

9 Etwas erzählen

1 Schreibt man das am Anfang oder am Ende einer E-Mail? Kreuzen Sie an.

	am Anfang	am Ende
1. Weißt du, was mir heute passiert ist?	○	○
2. Ich muss dir unbedingt was erzählen.	○	○
3. Und du? Was gibt es bei dir Neues?	○	○
4. Wie geht es dir denn? Erzähl doch mal.	○	○
5. Rate mal, wen ich heute getroffen habe.	○	○
6. Gibt's bei dir was Neues? Ich habe so lange nichts von dir gehört.	○	○
7. Du glaubst nicht, was ich heute erlebt habe.	○	○

2 Wo steht das in einer Erzählung? Ordnen Sie zu.

[dann • am Anfang • danach • am Ende • zum Schluss • zuerst • später • schließlich]

1. Beginn	2. Mitte	3. Ende

3 Welche Reihenfolge ist richtig? Sortieren Sie.

___ a) Zuerst hat er die Karte ganz normal genommen. Ich konnte auch meine PIN eingeben.

___ b) Ist dir so was schon mal passiert? Wie geht es dir denn überhaupt? Erzähl doch mal.

___ c) weißt du, was mir gestern passiert ist? Als ich Geld abheben wollte, ist der Bankautomat kaputtgegangen!

___ d) Am Ende hieß es: „Achtung, Fehler, das System wird heruntergefahren." Das war vielleicht ein blödes Gefühl! Ich habe dann gleich meine Bank angerufen und das Problem gemeldet.

___ e) Aber dann hat er die Karte nicht zurückgegeben und Geld habe ich auch nicht bekommen.

___ f) Viele liebe Grüße
Nathan

1 g) Lieber Ingo,

4 Ergänzen Sie.

[später • Zum Schluss • Aber dann • Am Anfang]

Hey! Ich komme eine Stunde später. Hab den falschen Bus genommen. (1) ____________ habe ich nur auf die Linie geachtet. (2) ____________ habe ich gemerkt, dass es die falsche Richtung ist. Ich bin ausgestiegen, und 15 Minuten (3) ____________ kam der nächste Bus in die richtige Richtung. (4) ____________ habe ich den Zug verpasst. Jetzt sitze ich am Bahnhof und warte auf den nächsten. Bis nachher! LG

5 Schreiben Sie die Sätze in der Vergangenheit.

TIPP Achten Sie beim Perfekt auf *haben* und *sein* und darauf, dass diese Form an zweiter Stelle steht. Lernen Sie zu jedem Verb das Partizip. Dieses steht am Satzende. Persönliche Erzählungen oder Berichte sind ähnlich wie in der gesprochenen Sprache: Man benutzt das Perfekt. Nur für *sein, haben,* die Modalverben und einige andere Verben (*wissen, denken, kennen, meinen* usw.) benutzt man das Präteritum.

1. Am Samstag gehe ich mit meinem Freund Boris in eine Ausstellung.

   Letzten Samstag ______________________

2. Am Anfang ist es lustig und wir haben Spaß.

   ____

3. Aber dann streiten wir uns.

   ____

4. Er will bei jedem Bild stehen bleiben und jeden Text lesen.

   ____

5. Das ist mir zu langweilig.

   ____

6. Am Ende gehe ich schneller durch die Ausstellung und warte im Café auf ihn.

   ____

   ____

TIPP Wenn Sie zwei Hauptsätze mit demselben Subjekt mit *und* verbinden, lassen Sie das Subjekt im zweiten Satz weg: *Am Ende bin ich schneller durch die Ausstellung gegangen und habe auf ihn gewartet.*

6 Lesen Sie die Stichpunkte. Schreiben Sie dann eine E-Mail an Ihre Freundin Monika und eine an ein Familienmitglied und erzählen Sie. Die Aufgaben 1–4 helfen Ihnen.

1.
- In der Stadt sehen Sie, wie ein Mann an einem Straßenmusiker vorbeigeht.
- Sie denken, er möchte Geld in den Instrumentenkoffer legen.
- Sie sehen, dass er Geld aus dem Koffer herausnimmt.
- Da rufen Sie dem Mann hinterher.
- Er dreht sich um, legt das Geld schnell zurück und läuft weg.

TIPP *Da* bedeutet hier *genau in diesem Moment.*

2.
- Sie sind in der Stadt unterwegs und hören, dass jemand Ihren Namen ruft.
- Sie denken, dass es ein Bekannter sein muss, und drehen sich um.
- Sie sehen niemanden.
- Sie hören Ihren Namen noch einmal. Da sehen Sie, dass vor einem Tiergeschäft ein Käfig mit einem Papagei steht. Der Papagei ruft Ihren Namen zum dritten Mal.
- Sie kaufen den Papagei. Jetzt brauchen Sie noch eine Frau für ihn, weil man Papageien nicht alleine halten soll.

10 Ratschläge

1 Was soll ich bloß machen?

a Lesen Sie die Kurznachrichten aus einer Lerngruppe. Mit welchen Satzanfängen kann man Ratschläge formulieren? Kreuzen Sie an.

Hallo Leute! Ich versuche gerade, für unsere B1-Prüfung zu lernen, aber es ist so schwer. Ich sitze seit Tagen vor meinen Büchern, aber ich kann mich nicht mehr konzentrieren. Ich weiß nicht mehr, was ich machen soll. Habt ihr vielleicht ein paar Tipps für mich?

Du könntest dir einen Lernpartner suchen. Wenn man über die Themen sprechen kann, ist es oft einfacher. Wenn du Lust hast, können wir gern mal zusammen lernen.

An deiner Stelle würde ich mir einen Zeitplan mit Arbeitszeiten und Pausen machen. In den Pausen machst du mal etwas anderes. Dann kannst du dich in den Arbeitszeiten wieder besser konzentrieren. Mir hilft das immer.

Oft hilft auch ein Ortswechsel. Du solltest dich mal in ein anderes Zimmer setzen oder ins Café oder in die Bibliothek gehen.

Ich stimme den anderen zu: Auf keinen Fall solltest du den ganzen Tag still vor deinen Büchern sitzen und versuchen, alles auswendig zu lernen! Eine gesunde Mischung aus Lesen, Hören, Schreiben und Sprechen ist gut. Am besten wäre es, wenn du deinen Lerntyp kennst. Dann weißt du, was dir am besten hilft.

Ich würde dir raten, alles, was du lernen möchtest, sofort anzuwenden. Wenn du zum Beispiel die Adjektivdeklination lernst, lies nicht einfach stundenlang die Tabelle. Versuch doch mal, zu jeder Form Sätze zu schreiben und auch laut zu sagen. (Hört ja keiner… ☺) Ich mache das immer so.

TIPP Weitere Tipps zum Üben finden Sie im Vorwort auf S. 4, Ratschläge zur Prüfungsvorbereitung auf S. 86.

1. Du könntest …	○	7. Auf keinen Fall solltest du …	○
2. Du sollst …	○	8. Am liebsten würde ich …	○
3. An deiner Stelle würde ich …	○	9. Am besten wäre es, wenn …	○
4. Oft hilft …	○	10. Ich würde dir raten, …	○
5. Es wäre schön, wenn …	○	11. Versuch doch mal, …	○
6. Du solltest …	○	12. Wenn du Lust hast, …	○

TIPP Für Ratschläge verwendet man häufig den Konjunktiv. *Du solltest* ist stärker als *Du könntest*. *Du sollst* benutzt man für einen strengen Befehl oder eine Aufgabe, nicht für einen Ratschlag.

b Ergänzen Sie den passenden Satzanfang aus a.

(1) ________________________ würde ich mir nicht so viele Sorgen machen. Ich glaube, die Prüfung wird nicht schwer.

(2) ________________________ solltest du den ganzen Tag nur lernen. Dann kann man sich irgendwann gar nicht mehr konzentrieren.

(3) ______________ ein gutes Lernprogramm. Ich finde es leichter, digital zu lernen als nur mit einem Buch.

(4) ________________________ mal, abends Filme auf Deutsch zu sehen und Lieder zu hören. Dann kannst du dich ein bisschen entspannen und gleichzeitig übst du.

2 Lesen Sie die Kurznachrichten und die Notizen und antworten Sie. Schreiben Sie Ratschläge ins Heft. Die Satzanfänge in 1a helfen Ihnen.

1. Hey! Sag mal, was machst du, wenn du Vokabeln lernen möchtest?
Ich lese immer die Liste im Buch, aber ich kann mir die Wörter nicht merken.

...

- keine Listen lesen
- Wörter aufschreiben
- Sätze damit schreiben
- eine Vokabel-App benutzen

2. Morgen ist meine Deutschprüfung!
Hast du noch irgendwelche Tipps für mich?

...

- Aufgaben genau lesen
- Zeit gut planen
- am Abend vorher rechtzeitig schlafen gehen
- am Nachmittag noch etwas Schönes machen, damit man gut schlafen kann

3. Hallo! Weißt du, wie man besser schreiben lernt?
Ich mache immer so viele Fehler und schreibe die Wörter falsch.

...

- nicht Buchstabe für Buchstabe abschreiben
- Wort lesen und dann ein Stück Papier darüberlegen, danach das ganze Wort aus dem Kopf schreiben. So kann man das Wort als Bild speichern.
- Texte schreiben, von Muttersprachlern korrigieren lassen und noch einmal abschreiben

4. Ich finde es total schwer, längere Texte zu schreiben.
Hast du einen Tipp für mich?

...

- erst viele Ideen sammeln und Notizen machen
- dann Gedanken ordnen
- zum Schluss den Text schreiben

11 Briefe und Karten zu bestimmten Anlässen

1 Briefe und Karten: Ergänzen Sie die Wörter aus dem Kasten.

[Kindes • Lebensweg • Beileid • schwierigen • Gute • wird • wünschen • Glück]

... (1) ______________________ Claudia und Michi. Feier ordentlich, man (2) ______________________ schließlich nur einmal 40!

Liebe Grüße
Michi & Claudia

Liebe Oksana, lieber Martin,

zur Geburt eures (3) ______________________ wünschen wir euch alles (4) ______________!

Viele Grüße
Dinesh und Sarasvati

Liebe Cora, lieber Biruk,

für euren gemeinsamen (5) ______________________ wünsche ich euch viel Liebe und (6) ______________.

Herzliche Grüße
Samuel

Liebe Frau Ritter,

zum Tod Ihres Mannes möchte ich Ihnen mein herzliches (7) ______________________ aussprechen.
Ich wünsche Ihnen viel Kraft in dieser (8) ______________________ Zeit.

In tiefer Verbundenheit
Anton Dadakov

TIPP Für Glückwunsch- und Beileidskarten schreibt man oft ähnliche Sätze. Mehr Ideen finden Sie auf gekauften Karten. Sie können sie auf der Rückseite ergänzen, wie bei der Geburtstagskarte in der Aufgabe. Achten Sie auf die Anredeform (*du, ihr, Sie*) und bei einer Beileidskarte auch auf den Gruß am Ende.

2 Lesen Sie die Situationen und schreiben Sie je eine Karte, ähnlich wie in 1.

1. Ihre Freundin Veronika hat Geburtstag und wird 30.
2. Ihre Nachbarn, Herr und Frau Al-Arabi, haben ein Baby bekommen.
3. Ihre Freunde Eylem und Boris haben geheiratet.
4. Der Vater Ihrer Kollegin Jennifer ist gestorben.

TIPP Wenn Sie einem Ehepaar schreiben, ist die Anrede z. B. *Liebe Frau Al-Arabi, lieber Herr Al-Arabi* oder *Liebe Familie Al-Arabi.*

12 Ein Profil erstellen

1 Soziale Netzwerke – Anmeldung und Profil

a Lesen Sie das Profil von Inken Petersen und ordnen Sie die Überschriften zu.

A Das biete ich meinen Gästen:
B Meine Interessen:
C Sprachen:
D Über mich:
E Übernachtung:

schlafplatz.de ist ein kostenloses Netzwerk, auf dem du in anderen Städten Übernachtungen, Stadtführungen und vieles mehr finden und anbieten kannst.

Inken Petersen

Welcome | Mitgliedersuche | Community | Sicherheit | Mitmachen | InkenP

1. ______

Ich bin in Lübeck geboren, aufgewachsen und zur Schule gegangen. Meine Wohnung ist mitten in der Altstadt, ich teile sie mit meiner Hündin Momo und zwei kleinen Vögeln. Ich reise sehr gern, aber wenn ich gerade nicht wegkann, freue ich mich über Leute aus aller Welt, die nach Lübeck kommen. Gern führe ich euch durch die Stadt und zeige euch die schönsten Orte. Wir können aber auch zusammen kochen. Ich spreche nicht so gut Englisch, aber mit etwas Deutsch, ein bisschen Englisch und Händen und Füßen funktioniert es eigentlich immer.

Lübeck, Schleswig-Holstein, Deutschland
Beruf: Bankangestellte
Alter: 38, Geschlecht: weiblich

2. ______

Übernachtung, Stadtführung, zusammen kochen, Ausflüge, Deutsch üben

3. ______

Anzahl Gäste maximal: 2
Schlafplätze: ein Gästezimmer mit zwei Schlafsofas
Informationen zur Wohnung: Bitte nur Nichtraucher, Hausruhe ab 22 Uhr

4. _____ Deutsch (Muttersprache), Englisch (Grundkenntnisse), Italienisch würde ich gern lernen.

5. _____

Hobbies: Surfen, Wandern, bei schlechtem Wetter: Lesen
Bücher: Dörte Hansen (Mittagsstunde, Altes Land)
Filme: Gegen die Wand

TIPP Für Hobbys und Interessen benutzt man häufiger das Adverb *gern* als die Verben *lieben* oder *mögen*.

b Schreiben Sie, ob Sie etwas gern (+), sehr gern (++) oder nicht so gern (-) machen.

1. Sprachen lernen (+) ____________________
2. mit Freunden verreisen (++) ____________________
3. kochen (-), aber essen (++) ____________________

____

2 Lesen Sie die Situation und füllen Sie Ihr Profil aus.

Sie finden das Netzwerk schlafplatz.de interessant und möchten sich anmelden. Füllen Sie das Profil aus. Schreiben Sie beim Punkt „Über mich", woher Sie kommen, wie Sie wohnen, was Sie gern machen und wie Sie sich die Kommunikation mit den Gästen vorstellen.

Vorname: ______

Nachname: ______

Muttersprache: ______

Geburtsdatum: ______

Geschlecht: ❍ *männlich* ❍ *weiblich* ❍ *divers*

PLZ und Wohnort: ______

Beruf: ______

❍ *Ich habe die AGB und die Datenschutzerklärung gelesen und bin damit einverstanden.*

Jetzt registrieren

Über mich:

______

______

______

______

______

Das biete ich meinen Gästen:

❍ Übernachtung ❍ Stadtführung ❍ Übersetzung ❍ zusammen kochen ❍ Ausflüge

❍ Sonstiges: ______

Übernachtung:

Gäste maximal: ______

❍ Die Wohnung ist für Rollstuhlfahrer geeignet. ❍ Bitte nur Nichtraucher. ❍ Bitte kein Alkohol.

Weitere Informationen zur Wohnung: ______

Sprachen: ______

Meine Interessen:

Hobbies: ______

Bücher: ______

Filme: ______

TIPP In der Rubrik *Geschlecht* können Sie die Option *divers* oder *sonstige* wählen, wenn Sie sich nicht als Mann oder als Frau fühlen.

TIPP Die Wörter *geboren* und *aufgewachsen* werden meistens mit *sein* verwendet.

13 Über Netzwerke kommunizieren

1 Auf Posts reagieren

a Was passt? Ordnen Sie zu. Markieren Sie dann die Wörter oder Sätze, die auf die Reaktion hinweisen.

A Überraschung ausdrücken
B ausdrücken, dass man etwas süß oder lustig findet
C zustimmen
D Zweifel ausdrücken
E widersprechen (2x)
F eine erste Antwort geben

Kennt ihr zufällig einen guten Hausarzt in der Nähe?
1. ____ Ja, Dr. Schlot ist super. Ich bin seit drei Jahren bei ihm.
2. ____ Das finde ich auch. Dr. Schlot ist nett und kompetent.
Das stimmt. Dr. Schlot ist super.
3. ____ Das finde ich gar nicht. Mir hat eine andere Ärztin besser geholfen.
Ich habe auch andere Erfahrungen gemacht. Er wirkt zwar ganz nett, aber ich glaube nicht, dass er viel Ahnung hat.

Wir haben Tweetie und Leica zusammengelassen, und sie verstehen sich supergut. Leica ist total vorsichtig. Sie spielen sogar zusammen Verstecken.

4. ____ Wie süß ist das denn?!
:-D Wie lustig! Bestimmt haben die beiden viel Spaß.
Wirklich megasüß und lustig!

Kennt jemand von euch ein Rezept für selbstgemachte Pasta, das man auch ohne Nudelmaschine machen kann?
5. ____ Also, ich weiß nicht, ob man ohne Nudelmaschine überhaupt Pasta machen kann.
Ich bin auch nicht sicher, ob das funktioniert.
6. E Doch, das geht! Spätzle zum Beispiel schneidet man mit dem Messer. Dafür braucht man keine Nudelmaschine.

Guckt mal, Leute, ich hab eine neue Frisur !

7. ____ Was?! Warum hast du denn deine schönen langen Haare abgeschnitten?
Du hast ja gesagt, dass du dir die Haare schneiden lässt. Aber ich hätte nicht gedacht, dass sie so kurz werden!
Wow, krass! Also, mir gefällt's. 👍

TIPP In den sozialen Netzwerken benutzt man umgangssprachliche Verstärkungen wie *mega-, super-, total, krass* usw. Sie können positive und negative Aussagen und Gefühle verstärken. Achtung: *ganz* hat zwei Bedeutungen. *Das ist ganz toll!* Hier bedeutet es, dass etwas sehr toll ist. Bei Nummer 3 bedeutet *ganz nett*, dass jemand relativ nett ist, aber nicht sehr. In der gesprochenen Sprache kann man die beiden Bedeutungen an der Betonung erkennen. In der Bedeutung *sehr* ist das Wort *ganz* betont. (*Das ist ganz toll.*) In der Bedeutung *relativ* ist das Adjektiv betont. (*Er ist ganz nett.*)

TIPP Mit *wie* + Adjektiv können Sie Gefühle ausdrücken wie in Nr. 4, z. B.: *Wie süß! Wie lustig! Wie schade!* Mit *doch* kann man einer negativen Aussage widersprechen wie in Nr. 6: *Ich glaube nicht, dass das geht. – Doch, das geht!*

b Lesen Sie die Beiträge und die Informationen und antworten Sie. Verwenden Sie dabei die Redemittel aus Aufgabe a.

Hey Leute! Ich kann leider nicht zur Familienfeier kommen.

Drücken Sie Ihre Überraschung aus und fragen Sie nach dem Grund. Sagen Sie, dass Sie es schade finden.

(1) ______________________________

Guckt mal: Das passiert im Moment, wenn ich huste. Yuna kann gar nicht mehr aufhören zu lachen.

Schreiben Sie, dass Sie Yunas Reaktion süß finden.

(2) ______________________________

Mein Basilikum ist schon wieder krank. Jedes Mal, wenn ich im Supermarkt Basilikum kaufe, sieht es nach kurzer Zeit so aus. Was kann man denn dagegen machen?

Drücken Sie Ihren Zweifel darüber aus, dass Basilikum aus dem Supermarkt lange lebt.

(3) ______________________________

____

Hilfe! Schnell! Ich habe mir gerade Wein auf meinen weißen Pulli gegossen. Leider kann ich den Pulli nur bei 30 Grad waschen. Das bekomme ich nicht wieder raus, oder?

Widersprechen Sie und schreiben Sie, dass man Wein mit Wasser und Seife auswaschen kann, wenn er noch nicht getrocknet ist.

(4) ______________________________

____

Total toll, dass du das Geschenk für Papa schon gekauft hast!

Stimmen Sie zu.

(5) ______________________________

c Schreiben Sie zu jedem Beitrag aus a eine Antwort in Ihr Heft.

2 Verkaufen, verschenken, tauschen

a Lesen Sie die Beiträge in einem Netzwerk für Nachbarn und ergänzen Sie die Endungen, wo nötig.

Hallo! Wir ziehen um und haben in (1) d___ neu___ Wohnung keinen Platz für (2) unser___ Teppich.

- So gut wie neu, kaum Gebrauchsspuren.
- Maße 235 x 165 cm
- besteht aus (3) weich___ Wolle, kein Plastik!
- Preis: 300€

Bei Interesse einfach melden. An Selbstabholer (Kernstraße).

(4) Grün___ Regenjacke Größe M (Damen), nur einmal getragen. Wer tauscht gegen eine (5) rot___/rosa___/gelb___ Regenjacke?

Ich habe die Jacke (6) letzt___ Jahr gekauft, weil ich im Urlaub dringend eine brauchte. Zu Hause habe ich gemerkt, dass die Farbe nicht zu (7) mein___ ander___ Sache___ passt. Aber die Jacke ist super: Sie ist total (8) wasserdicht___, und trotzdem wird einem nicht so leicht heiß, wenn man sie trägt.

Kaffeeservice zu verschenken

Hallo! Hat jemand Interesse an (9) ein___ alt___ Kaffeeservice? Es besteht aus sechs (10) Tasse___, (11) sechs Untertasse___ und sechs (12) klein___ Teller___. Das Service ist in (13) gut___ Zustand, es fehlt nichts.

Bei Interesse bitte eine persönliche Nachricht schicken!

(14) Jung___ Kätzchen___ in (15) liebevoll___ Hände abzugeben!

Unsere Katze hat sechs Kleine bekommen und wir suchen gerade (16) nett___ Besitzer für sie, am besten mit Garten. Wenn ihr interessiert seid, schickt bitte eine (17) persönlich___ Nachricht.

Hey Leute! (18) Schwer___ Herzens muss ich mein (19) geliebt___, klein___, alt___ Auto verkaufen. Für unsere Familie (drei Kinder und ein (20) groß___ Hund) ist es einfach zu (21) klein___ geworden. Es fährt noch super, aber in den (22) nächst___ Jahr___ werden ein paar Reparaturen fällig sein.

Preis 5.500 Euro VHB

Liebe Nachbarn und Nachbarinnen! Mag jemand von euch Pralinen? Ich finde, sie schmecken ein bisschen nach Seife. Wahrscheinlich ist Rosenwasser drin. Ich habe fünf (23) groß___ Schachteln geschenkt bekommen. Tausche gegen Schokolade ohne Rosenwasser. 😉

TIPP Der Ausdruck *schweren Herzens* bedeutet, dass man traurig ist, etwas machen zu müssen. Er steht im Genitiv und Herz wird nach der n-Deklination dekliniert.

b Welche Beschreibung passt wozu? Ordnen Sie zu.

1. Größe S/M/L/XL	____ a) ein Tier
2. Maße: H125 x B80 x T50 cm	____ b) ein Möbelstück (Höhe, Breite, Tiefe)
3. in liebevolle Hände abzugeben	____ c) ein Kleidungsstück
4. schmeckt nach Salz/Rauch/Seife	____ d) die Käuferin oder der Käufer
5. VHB	____ e) etwas zu essen
6. Selbstabholer	____ f) der Preis (Verhandlungsbasis)

c Lesen Sie die Informationen und schreiben Sie Angebote ins Heft. Die Redemittel und Wörter in a und b helfen Ihnen.

1. Ihre Zebrafinken haben vier Küken bekommen. Sie suchen ein gutes Zuhause für sie. Es ist Ihnen wichtig, dass die Vögel einen großen Käfig bekommen und jeden Tag frei fliegen können.

2. Sie möchten den Couchtisch (flach, Holz) verkaufen. Sie hätten gern 120 Euro, aber etwas weniger wäre auch in Ordnung. Die Käuferin oder der Käufer muss selbst kommen und den Tisch abholen.

3. Sie hatten die Wanderschuhe nur einmal an, weil sie ein bisschen zu klein sind (Größe 37). Sie möchten gegen Größe 38 tauschen. Wie die Schuhe aussehen, ist Ihnen nicht so wichtig. Aber Sie möchten auf jeden Fall Schuhe, die noch nicht so oft getragen wurden.

4. Sie haben vegetarisches Sushi gekauft, aber sie mögen es nicht. Es schmeckt ein bisschen nach Fisch. Sie möchten es an jemanden verschenken, der es am besten noch heute bei Ihnen abholt.

d Ergänzen Sie die Verben und ordnen Sie die Angebote aus c zu.

[interessiere • abholen • habe • haben • Tauschen]

____ A Hallo! Ist das Sushi noch zu (1) ______________________? Ich könnte es in einer Stunde (2) ____________________. Sam

____ B Ich (3) __________________ mich für die Wanderschuhe und habe welche in Größe 38 zum (4) ________________________. Sie sind grün-gelb. Hast du Interesse?

____ C Hey! Ich (5) ________________________ Interesse an den Zebrafinken. Habt ihr noch zwei Männchen? Ich würde dann zwei Weibchen dazu holen, damit sie später mal Babys bekommen können. Habe ein Vogelzimmer, in dem sie den ganzen Tag frei fliegen könnten. LG

e Welche Anzeige aus a interessiert Sie? Schreiben Sie eine Nachricht. Die Redemittel in d helfen Ihnen.

3 Verloren, vermisst, gefunden

a Lesen Sie die Beiträge in einem Netzwerk für Nachbarn. Was passt? Kreuzen Sie an.

Schildkröte __1__! (Storchenweg)
von Nadja N. aus Erlenstegen

Wer hat unsere griechische Landschildkröte Schildi gesehen? Sie ist seit Sonntag __2__.
__3__ Sonntagnachmittag war sie noch im Garten, zusammen mit unseren anderen beiden Schildkröten. Abends war sie nicht mehr da. Wahrscheinlich ist sie einfach durch ein Loch in einen Nachbargarten gegangen.
__4__ sie jemand sieht, sagt uns bitte Bescheid!
Es wäre auch sehr nett, wenn ihr in euren Gärten und Kellern nachsehen könntet, ob Schildi sich dort irgendwo versteckt.
Sie ist lieb und beißt nicht, ihr könnt sie einfach hochnehmen. Vielen Dank schon mal im Voraus!

Schlüsselbund gefunden!
von Meron W. aus der Südstadt

Hallo Leute!
Ich habe heute am Maffeiplatz __5__ den Fahrrädern __6__ Fahrradparkplatz diesen Schlüsselbund gefunden.
Bitte schreibt mir eine persönliche Nachricht, wenn es euer Schlüssel ist oder wenn ihr ihn schon einmal gesehen habt und vielleicht wisst, wem er __7__.

LG

Teddy verloren - Finderlohn
von Priscilla M. aus St. Peter

Hat jemand diesen Teddy gefunden? Wir haben ihn gestern verloren, wahrscheinlich __8__ vom Spielplatz am Fluss. Seitdem ist bei uns zu Hause Drama, denn er ist Meikes Lieblingsteddy.
Wir würde uns sehr freuen, wenn er wieder auftaucht, und __9__ 20 Euro Finderlohn!

1 a verloren
b vergessen
c vermisst

2 a verschwunden
b vermieden
c verhindert

3 a Um
b An
c Am

4 a Sonst
b Falls
c Während

5 a in
b zwischen
c mitten

6 a im
b in den
c auf dem

7 a gehört
b besitzt
c hat

8 a in der Nähe
b nah
c weit

9 a verbieten
b vereinbaren
c bieten

TIPP *verlieren* verwendet man für Dinge, *vermissen* eher für Lebewesen, zum Beispiel Haustiere.

b Lesen Sie, was Ihre Freunde sagen, und schreiben Sie dann je einen Beitrag in einem Nachbarschaftsnetzwerk.

1. Ich suche seit zwei Stunden meinen Geldbeutel, aber ich finde ihn nicht. Ich glaube, ich habe ihn verloren. Heute früh hatte ich ihn noch, als ich bei Bäcker Krause bezahlt habe. Aber in der Bäckerei ist der Geldbeutel nicht, dort habe ich schon angerufen. Kannst du in deinem Netzwerk eine Suchmeldung für mich schreiben? Ich habe zwar kein Foto von dem Geldbeutel, aber ich kann ihn beschreiben: Er ist ziemlich alt und dick und besteht aus braunem Leder. Wir könnten einen Finderlohn bieten, vielleicht 50 Euro. Viel Geld ist nicht drin. Es geht mir vor allem um die Papiere: Führerschein, Personalausweis, Bibliotheksausweis usw.

2. Sieh mal, ich habe einen Ring gefunden. Der lag zwischen den parkenden Autos in der Bielingstraße. Ich habe ein Foto davon gemacht. Kannst du es in deinem Nachbarschaftsnetzwerk hochladen und fragen, ob ihn jemand vermisst? Vielleicht hat ihn ja auch schon mal jemand bei einer anderen Person gesehen und erkennt ihn wieder.

3. Weißt du was? Unsere Miezi ist weg. Seit Mittwoch ist sie nicht mehr nach Hause gekommen. Wir haben sie schon überall gesucht und gerufen, aber sie ist verschwunden. Heute haben wir in der Nachbarschaft Zettel mit ihrem Bild aufgehängt. Bis jetzt hat sich noch niemand gemeldet. Kannst du vielleicht eine Suchmeldung in deinem Nachbarschaftsnetzwerk schreiben? Die Leute sollen mal in ihren Kellern nachsehen. Also, das musst du natürlich ein bisschen höflicher schreiben. Und schreib, dass Miezi ganz lieb und zutraulich ist und auf ihren Namen hört. Hoffentlich findet sie jemand! Hier ist das Foto, das ich auch für die Zettel benutzt habe.

c Lesen Sie die Situationen und schreiben Sie persönliche Nachrichten an die Personen aus a.

1. Sie haben Schildi in Ihrem Garten gefunden. Es geht ihr gut. Sie haben sie in einen Karton gesetzt und ihr Wasser und Salat gegeben. Nadja N. kann jederzeit vorbeikommen und sie abholen. Nennen Sie eine Adresse.

2. Der Schlüsselbund gehört Ihnen. Sie sind sehr froh, dass Meron W. ihn gefunden hat, und fragen, wann und wo Sie ihn abholen können.

3. Sie haben Meikes Teddy auf dem Weg zum Spielplatz gefunden und mitgenommen. Sie schlagen vor, dass Sie sich am Nachmittag auf dem Spielplatz treffen, damit Sie den Teddy zurückgeben können. Den Finderlohn möchten Sie nicht haben. Sie freuen sich, wenn Meike ihren Teddy wiederhat.

4 Die eigene Meinung ausdrücken und begründen

a Lesen Sie die Meinungen und die Redemittel. Kann man damit seine Meinung ausdrücken oder begründen? Kreuzen Sie an.

In letzter Zeit wird immer häufiger darüber gesprochen, ob man privates Feuerwerk zu Silvester verbieten sollte. Was denkt ihr darüber?

Ich bin der Ansicht, dass privates Feuerwerk auf jeden Fall verboten werden sollte, und zwar aus folgenden Gründen: Ich denke, dass es die Luft verschmutzt und den Tieren Angst macht, vor allem den Vögeln.

Meiner Meinung nach sollte man das nicht verbieten, denn ich finde, es ist eine gute, alte Tradition. Ich finde es schön, das neue Jahr auf diese Art zu begrüßen.

	die Meinung ausdrücken	die Meinung begründen
1. Ich bin der Meinung/Ansicht, dass …	◯	◯
2. Ich denke/meine/glaube/finde, dass …	◯	◯
3. … und zwar aus folgendem Grund/aus folgenden Gründen:	◯	◯
4. Meiner Meinung nach …	◯	◯
5. …, weil ich (nicht) glaube/finde/denke, dass …	◯	◯
6. …, denn ich glaube/finde/denke (nicht), …	◯	◯
7. Ich finde es gut/sinnlos/(un)logisch/schön, … zu …	◯	◯

TIPP Nach Verben wie *glauben* oder *finden* kann ein Hauptsatz oder ein Nebensatz mit *dass* stehen.

b Lesen Sie die Argumente und Gründe und schreiben Sie mit den Redemitteln aus a Beiträge in einem Netzwerk.

1. gegen das Verbot; Grund: Man kann Umweltprobleme nicht mit einem Verbot lösen, da das Feuerwerk nur einmal im Jahr ist.	______________________
2. für das Verbot: Feuerwerk ist laut und gefährlich.	______________________
3. gegen das Verbot: Es macht den Kindern Spaß.	______________________

c Schreiben Sie Ihre eigene Meinung zum Feuerwerksverbot ins Heft und begründen Sie sie. Die Redemittel aus a helfen Ihnen.

d Einerseits und andererseits: Was passt zusammen? Ordnen Sie zu.

In den meisten Ländern gibt es eine Höchstgeschwindigkeit für Autos, auch auf der Autobahn. In Deutschland gibt es das nicht. Wenn es kein Verkehrsschild mit einer Geschwindigkeitsbegrenzung gibt, kann man auf der Autobahn so schnell fahren, wie man möchte. Was denkt ihr darüber?

1. Einerseits denke ich, dass eine Geschwindigkeitsbegrenzung die Straßen sicherer macht.
2. Ich fahre zwar selbst nicht gern sehr schnell,
3. Auf der einen Seite macht es Spaß, richtig schnell zu fahren.

____a) Auf der anderen Seite ist es für die Umwelt besser, langsamer zu fahren.

____b) Andererseits finde ich, dass man nicht alles über Verbote regeln muss.

____c) aber ich habe nichts dagegen, dass andere das tun.

TIPP Achten Sie auf den Satzbau: *Einerseits, andererseits, auf der einen Seite* und *auf der anderen Seite* stehen meist jeweils an Position 1 eines Hauptsatzes. Danach kommt das Verb. Das Wort *zwar* steht im Hauptsatz meist an dritter Stelle. *Aber* steht an Position 0.

e Lesen Sie die Frage und die Notizen und schreiben Sie die Sätze.

Tierschützer fordern immer wieder, Zoos abzuschaffen oder zu verbieten. Was denkt ihr darüber?

TIPP Wenn man Stichwörter in Sätze umformuliert, muss man häufig Artikel ergänzen.

1. einerseits: Tiere sind gefangen – andererseits: manche Tierarten überleben nur im Zoo

___

___

2. zwar: Leben im Zoo ist nicht natürlich – aber: viele Zootiere sind im Zoo geboren und kennen die Natur nicht

___

___

3. auf der einen Seite: viele Zootiere wirken glücklich – auf der anderen Seite: sie sind wahrscheinlich nicht so glücklich wie in der Natur

___

___

f Schreiben Sie Ihre eigene Meinung zu einem möglichen Verbot von Zoos ins Heft und begründen Sie sie. Die Strukturen aus a und d helfen Ihnen.

5 Diskussionen

a Zustimmung oder Widerspruch? Kreuzen Sie an.

	Zustimmung	Widerspruch
1. Das sehe ich genauso wie du/sie/er/ihr/ ...	◯	◯
2. Das sehe ich total anders.	◯	◯
3. Ich finde, du hast recht damit, dass …	◯	◯
4. Ich bin ganz deiner Meinung.	◯	◯
5. Da muss ich widersprechen.	◯	◯
6. Da bin ich anderer Meinung.	◯	◯
7. Der Meinung bin ich auch.	◯	◯
8. Ich finde nicht, dass man das so sagen kann, denn …	◯	◯

b Welche Funktion haben die unterstrichenen Satzteile? Kreuzen Sie an.

1.

TimoD

Hey Leute! Wir haben heute in der Schule über Schuluniformen gesprochen. Ich bin der Ansicht, dass wir auch in Deutschland Schuluniformen einführen sollten. Gerade bei Jugendlichen ist es wichtig, dass soziale Unterschiede in der Schule keine Rolle spielen. Untersuchungen zeigen, dass sich Schülerinnen und Schüler besser auf den Unterricht konzentrieren können, wenn alle Uniformen tragen. Was meint ihr?

◯ a) Vorschläge machen ◯ b) Argumente einleiten ◯ c) Zweifel ausdrücken

2.

ÖzlemA

Wäre es nicht besser, wenn Jugendliche lernen würden, mit sozialen Unterschieden umzugehen, anstatt sie in der Schule einfach zu ignorieren? Es wäre doch viel sinnvoller, bei Konflikten, zum Beispiel wegen Markenklamotten, mit den Jugendlichen zu sprechen. So würde man sie besser auf das wirkliche Leben vorbreiten. Ich finde es viel wichtiger, in der Schule etwas über das Leben zu lernen, als sich immer 100 Prozent auf den Unterrichtsstoff zu konzentrieren.

◯ a) Gegenargumente einleiten ◯ b) Ratschläge geben ◯ c) etwas beschreiben

c Schreiben Sie Antworten. Die Redemittel aus a und b helfen Ihnen.

1. Sie widersprechen ÖzlemA. (wichtiger, dass die Schülerinnen und Schüler sich auf den Unterricht konzentrieren; sollten zumindest in der Schule nicht über Markenklamotten diskutieren)

@ÖzlemA.: ______________________________

____

____

2. Sie stimmen ÖzlemA zu. (Schuluniformen unnötig; Sie möchten nicht, dass Kinder gezwungen werden, bestimmte Kleidung zu tragen)

@ÖzlemA.: ______________________________

____

____

6 Schreiben Sie einen längeren Beitrag zu der Diskussion in 5.

a Sammeln Sie Argumente und notieren Sie Ihre Meinung in Stichworten.

für eine Schuluniform

gegen eine Schuluniform

Meine Meinung:

____

____

____

b Weitere Argumente einleiten: Kommt nach dem Satzanfang ein Argument für dieselbe Meinung oder für eine Gegenmeinung? Kreuzen Sie an.

	dieselbe Meinung	eine Gegenmeinung
1. Außerdem…	○	○
2. Auf der anderen Seite…	○	○
3. Ein weiteres Argument für/gegen … ist, …	○	○
4. Dafür/Dagegen spricht allerdings, dass …	○	○
5. Trotzdem …	○	○
6. Dazu kommt, dass …	○	○

c Lesen Sie die Informationen und schreiben Sie einen Kommentar ins Heft.

- Schreiben Sie, dass Sie die Entscheidung nicht einfach finden.
- Nennen Sie mit einerseits – andererseits zwei gegensätzliche Argumente.
- Nennen Sie weitere Argumente.
- Schreiben Sie, wem Sie zustimmen, TimoD. oder ÖzlemA.
- Schreiben Sie Ihre Meinung.

7 Empfehlungen aus dem Netzwerk für Nachbarn

a Was passt? Ordnen Sie zu.

1.  Kennt jemand ein gutes Piercing-Studio? Meine 13-jährige Tochter möchte unbedingt ein Nasenpiercing.

2.  Ich suche einen guten Zahnarzt hier im Viertel oder in der Nähe. Er sollte kompetent, aber auch sehr nett sein, weil ich Angst vor Zahnärzten habe. Könnt ihr mir jemanden empfehlen?

3.  Hey! Ich bin neu im Viertel und wollte fragen, wo man hier am besten was trinken gehen kann. Was könnt ihr denn so empfehlen?

4.  Hallo Leute! Wir suchen gerade einen Kindergartenplatz für unsere Große. Welche Erfahrungen habt ihr mit den Kindergärten hier in der Nähe? Könnt ihr etwas empfehlen? Wir suchen etwas, wo die Kinder möglichst oft draußen unterwegs sind. Und die Erzieherinnen und Erzieher sollten natürlich liebevoll und kompetent sein.

5.  Kennt jemand von euch zufällig eine gute Kampfsportschule? Ich interessiere mich für Karate oder Taekwondo. Aber andere Kampfsportarten kann ich mir auch vorstellen, wenn die Schule in der Nähe ist. Wohne am Nordklinikum.

___ A Wie wäre es mit dem Hollerbusch? Ich habe zwar keine Kinder, aber ich wohne direkt nebenan, und die Kinder spielen oft draußen.

Vom Hollerbusch habe ich auch schon viel Gutes gehört. Unsere Kinder sind in der Kita Kunterbunt. Da haben wir nur gute Erfahrungen gemacht: nett, kompetent, die Kinder kommen immer fröhlich nach Hause.

___ B Frau Dr. Ritter in der Ostendstraße. Sie ist supernett und erklärt genau, was sie macht. Außerdem tut es überhaupt nicht weh. Gerade wenn man Angst hat, ist sie perfekt.

Ja, Frau Ritter ist klasse. Ich bin auch sehr gern bei ihr.

Ich habe nicht so gute Erfahrungen gemacht. Ich musste sehr lange warten und dann hatte die Ärztin nur ein paar Minuten Zeit für mich. Ich konnte nicht mal Fragen stellen. Jetzt bin ich bei Dr. Mehtab am Schützenpark. Den finde ich total super.

___ C Das Body&Soul ist toll. Meine Piercings sind dort alle super geworden, und sie beraten einen auch sehr gut. Ich habe mich sehr wohl gefühlt, weil es klein und familiär ist. Da kann man bestimmt auch mit einem Kind gut hingehen.

Ich bin auch sehr gern im Body&Soul, aber leider piercen sie Jugendliche erst ab 14 Jahren.

___ D Hast du mal Krav Maga versucht? Genau genommen ist das kein Kampfsport, sondern eine Kampfkunst. Aber es macht echt Spaß! Ich bin in Andrés Gym im Kirchenweg. Trainer und Leute sind total nett. Komm doch mal vorbei!

___ E Sammys Tapasbar in der Johannisstraße. Da gibt's super Wein, die Tapas sind total lecker, und Sammy und laudia sind meganett. Oft ist es ziemlich voll und man muss ein bisschen warten, aber es lohnt sich!

Ich gehe gern ins Altstadtbierhaus. Die machen ihr eigenes Bier (rot, hell, schwarz, ...), das ziemlich lecker ist, und das Gasthaus ist supergemütlich. Da kann man ewig sitzen. Essen haben sie auch.

b Fragen Sie in einem Nachbarschaftsnetzwerk nach einer Empfehlung. Die Redemittel aus a helfen Ihnen.

1. Sie möchten indisch essen gehen und suchen ein gutes Restaurant.

____

2. Sie möchten Auto fahren lernen und suchen eine gute Fahrschule mit geduldigen Lehrern.

____

3. Sie suchen eine Gitarrenlehrerin oder einen Gitarrenlehrer für Ihren Sohn. Die Person sollte Erfahrung mit Kindern haben.

____

____

4. Sie suchen einen Park oder eine Wiese, wo Sie ungestört Yoga machen können.

____

____

c Beantworten Sie die Fragen mit einer Empfehlung. Die Redemittel aus a helfen Ihnen. Achten Sie auch auf die Artikel.

1. Kennt jemand einen guten Friseur?
(Haarlem, Johannisstraße, supernett, lustig, mit meiner Frisur immer zufrieden)

____

____

2. Kennt jemand von euch zufällig ein gutes Fitnessstudio?
(Krüger Training, Regensburger Straße, kompetent, gute Beratung, persönlich und familiär)

____

____

____

3. Gibt es hier im Viertel einen Wochenmarkt?
(Palmplatz, Dienstag- und Samstagmorgen, vor allem frisches Gemüse, ein Stand mit Eiern und Käse, ein Wagen mit frischem Kaffee)

____

____

____

4. Hallo Leute! Ich suche einen guten Hausarzt. Könnt ihr mir jemanden empfehlen?
(Dr. Behzadi, sehr guter Arzt, hat wirklich Ahnung, erinnert sich an alles, was man ihm erzählt, nimmt sich immer viel Zeit)

____

____

____

8 Ein Buch empfehlen

a Lesen Sie den Beitrag in einem Literaturforum. Was passt? Kreuzen Sie an.

leseratte13

Ich lese gerade ein total tolles Buch, das ich euch _1_ möchte.
Es _2_ „Altes Land“ und ist von der Autorin Dörte Hansen.
_3_ eine alte Frau, die in einem Haus in der Nähe von Hamburg wohnt. Das Buch _4_ ihre Lebensgeschichte. Sie ist nach dem Zweiten Weltkrieg als kleines Mädchen mit ihrer Mutter geflohen und wurde von einer Bäuerin aufgenommen. Es gibt noch _5_, ihre Nichte. Sie flieht vor ihrem langweiligen Leben in Hamburg und zieht zu ihrer Tante.
Das Buch _6_ mir deshalb so gut, weil es gleichzeitig sehr lustig und total traurig ist.
Außerdem ist es _7_. Man _8_ etwas über die Geschichte der deutschen Flüchtlinge am Ende des Zweiten Weltkriegs und ganz viel über Familienstrukturen und Psychologie.
Also, wenn ihr gerade auf der Suche nach einem richtig guten Buch seid: „Altes Land“ ist wirklich sehr _9_.

1 a raten
b vorschlagen
c empfehlen

2 a heißt
b nennt
c ist

3 a Das Buch ist über
b In dem Buch geht es um
c Das Buch ist von

4 a erklärt
b sagt
c erzählt

5 a eine zweite Hauptfigur
b einen zweiten Charakter
c ein zweites Lebewesen

6 a mag
b gefällt
c liebt

7 a gespannt
b entspannt
c spannend

8 a erfährt
b erlebt
c ergänzt

9 a empfehlbar
b empfehlenswert
c empfehlich

b Schreiben Sie eine Buchempfehlung für Ihr Lieblingsbuch. Beantworten Sie dazu die Fragen. Die Redemittel aus a helfen Ihnen.

- Wie heißt das Buch und von wem ist es?
- Worum geht es in dem Buch? Wer sind die Hauptfiguren?
- Was passiert?
- Wie ist das Buch?
- Über welche Themen erfährt man etwas?
- Warum gefällt Ihnen das Buch?
- Wem würden Sie das Buch empfehlen?

9 Einen Film empfehlen

a Lesen Sie den Beitrag in einem Forum über Filme. Was passt? Ordnen Sie zu.

F1lmfr3ak

Kontakt | Dabei seit: 05.01.22 | Posts: 12 | Reviews: 2 | Hüte: 0

Hey Leute! Ich bin auf der Suche nach guten Filmen, die ich noch nicht kenne. Was sind denn eure Lieblingsfilme? Gern mit kurzer Beschreibung!

MaryMovie:

1. Mein Lieblingsfilm heißt	____ a) werden von Birol Ünel und Sibel Kekilli gespielt.
2. Er ist von dem Regisseur	____ b) Fatih Akin.
3. Die Hauptfiguren, Cahit und Sibel,	____ c) als sie sich wirklich ineinander verlieben.
4. In dem Film geht es um	____ d) will Cahit nichts von dem Plan wissen und meint, dass Sibel verrückt ist.
5. Am Anfang	____ e) schließlich sollt ihr den Film ja noch sehen.
6. Aber dann	____ f) heiratet er sie doch. Sie zieht zu ihm in die Wohnung und beide leben ein sehr freies Leben.
7. Die Situation wird schwierig,	____ g) weil er gleichzeitig hart und romantisch ist, sehr traurig und wunderschön.
8. Aber ich will nicht zu viel verraten,	____ h) „Gegen die Wand“.
9. Ich mag den Film deshalb so gern,	____ i) einen alkoholkranken Mann, Cahit, und eine junge Frau, Sibel, die von zu Hause ausziehen möchte, weil sie mit den Traditionen ihrer türkischen Familie nicht einverstanden ist. Deshalb schlägt sie vor, dass Cahit und sie heiraten.

b Schreiben Sie eine Filmempfehlung für Ihren Lieblingsfilm. Beantworten Sie dazu die Fragen. Die Redemittel aus a helfen Ihnen.

- Wie heißt der Film und von welchem Regisseur ist er?
- Welche Schauspieler spielen mit?
- Worum geht es in dem Film?
- Was passiert? (Verraten Sie nicht alles, damit andere den Film noch interessant finden.)
- Warum mögen Sie den Film?

14 Anmeldeformulare

1 Personen- und Kontaktdaten: Lesen Sie die Informationen und füllen Sie den ersten Teil des Anmeldeformulars für Richard García aus.

Im September möchte ich einen Monat in Düsseldorf verbringen und dort einen B1-Deutschkurs machen. Könntest du mir mit der Anmeldung helfen? Meine persönlichen Daten habe ich schon eingetragen.
Eigentlich dachte ich, dass meine Firma den Kurs bezahlt, aber das macht sie leider nicht. Auf jeden Fall möchte ich am Ende eine Prüfung machen, entweder Goethe oder telc. Die sind beide in den meisten Ländern anerkannt. Ich hoffe, die Kurse an der Schule bereiten mich darauf vor.
Außerdem brauche ich auch noch eine Unterkunft, am liebsten in einer Gastfamilie. Da lernt man die Sprache am besten, weil man jeden Tag mit der Familie sprechen kann. Und ich muss mit dem Rollstuhl in die Wohnung kommen und dort herumfahren können. Vielleicht ist für die Gastfamilie noch wichtig, dass ich kein Fleisch esse. Und falls man schon bezahlen muss: Ich habe eine Kreditkarte. Brauchst du noch irgendwelche Informationen?

Deutsch für alle – Mit Spaß zum Ziel	
1. Art der Teilnahme	◯ privat ◯ über eine Firma Name der Firma: ______
Kursort und Sprachniveau	
2. Kursort	◯ Hamburg ◯ Düsseldorf ◯ Rostock ◯ Erfurt ◯ Stuttgart ◯ München
3. Sprachniveau des Kurses	◯ A1 ◯ A2 ◯ B1 ◯ B2
4. Prüfungsvorbereitung	◯ ja ◯ nein
5. Art der Prüfung	______
6. Kursbeginn	◯ 01.05. ◯ 01.07. ◯ 01.09.
7. Unterkunft	◯ ja ◯ nein
8. Falls ja: Art der Unterkunft:	◯ Gastfamilie ◯ WG ◯ Hotel ◯ Appartement
9. Besonderheiten der Unterkunft/Verpflegung:	◯ Ich brauche eine barrierefreie Unterkunft. ◯ Ich habe Allergien gegen ______. ◯ Folgende Nahrungsmittel esse ich nicht: ______.
10. Zahlungsmöglichkeiten	◯ Vorkasse ◯ PayPal ◯ Kreditkarte
11. Bemerkungen	______
12. ◯ Hiermit bestätige ich, dass ich die AGB und die Datenschutzbestimmungen gelesen habe.	

TIPP Die *AGB* sind die *Allgemeinen Geschäftsbedingungen*. In den Datenschutzbestimmungen schreibt das Unternehmen, ob und wie es Ihre Daten nutzt. Beide Dokumente können Sie anklicken und lesen.

15 Bitte um Informationen

1 Höfliche Fragen stellen

a Was ist höflicher? Kreuzen Sie an.

◯ 1.

Sehr geehrte Frau Lau,

wann fängt der Kurs an?

Mit freundlichen Grüßen
Lisa Yang

◯ 2.

Sehr geehrte Frau Lau,

können Sie mir sagen, wann der Kurs anfängt?

Mit freundlichen Grüßen
Lisa Yang

TIPP Indirekte Fragen mit einer Einleitung sind höflicher als direkte Fragen.

b Mit diesen Satzanfängen kann man indirekte Fragen einleiten. Steht am Ende ein Punkt oder ein Fragezeichen? Ergänzen Sie.

TIPP Indirekte Fragen haben eine Einleitung. Das kann eine Frage sein wie *Könnten Sie mir sagen, ...?* oder ein Aussagesatz wie *Mich würde interessieren, ...* . Wenn die Einleitung eine Frage ist, steht nach der indirekten Frage ein Fragezeichen. Wenn die Einleitung ein Aussagesatz ist, steht nach der indirekten Frage ein Punkt.

1. Können Sie mir sagen, ... _?_
2. Wissen Sie (zufällig), ... ____
3. Ich würde gern wissen, ... ____
4. Mich würde interessieren, ... ____
5. Können Sie mir erklären, ... ____
6. Ich wollte fragen, ... ____

2 Ergänzen Sie die indirekten Fragen.

TIPP Indirekte Fragen sind Nebensätze. Das Verb steht am Ende. Die Einleitung ist entweder das Fragewort oder, bei Ja-/Nein-Fragen, die Konjunktion *ob*.

1. Kann ich mich noch zu dem Kurs anmelden?
Können Sie mir sagen, ________________________________

2. Welche Papiere muss ich zur Anmeldung mitbringen?
Ich wollte fragen, ________________________________

3. Mit welchem Buch arbeiten wir im Kurs?
Wissen Sie, ________________________________

4. Kann ich mich mit einem A2-Zertifikat anmelden oder muss ich einen Einstufungstest machen?
Ich würde gern wissen, ________________________________
____

5. Hilft die Sprachschule bei der Vermittlung von Unterkünften?
Mich würde interessieren, ________________________________
____

3 Mehrere Fragen stellen

a Mit welchen Ausdrücken kann man neue Fragen einleiten? Kreuzen Sie an.

◯ 1. Außerdem …
◯ 2. Deshalb ist es wichtig, …
◯ 3. Und noch etwas: …
◯ 4. Meiner Meinung nach …
◯ 5. Und eine letzte Frage: …
◯ 6. Erstens: … Zweitens: …

b Ergänzen Sie die indirekten Fragen.

- Kann Herr Ahmadi die Kursgebühr auch bezahlen, wenn er in Deutschland ist?
- Welches Buch braucht er?
- Wie kann er eine günstige Unterkunft für den Monat finden?

Sehr geehrte Frau Lau,

zu dem Deutschkurs B1.2 im August hätte ich noch einige Fragen. Wissen Sie, (1) ____________________
____
____
Aus meinem Land sind Überweisungen nach Deutschland ziemlich schwierig.
Außerdem würde ich gern wissen, (2) ____
____________________. Ich habe noch „Netzwerk neu B1". Kann ich das benutzen?
Und eine letzte Frage: Können Sie mir vielleicht sagen, (3) ______________________________
____?
Vielen Dank im Voraus.

Mit freundlichen Grüßen
Sardaruddin Ahmadi

4 Lesen Sie die Situationen und schreiben Sie E-Mails in Ihr Heft.

TIPP Wenn Sie jemandem zum ersten Mal schreiben, schreiben Sie einen Einleitungssatz wie in 1b, bevor Sie anfangen, Fragen zu stellen. Das wirkt höflicher und die Person weiß, worum es geht.

1. Sie möchten im Wintersemester in Hamburg studieren und davor einen B1-Sprachkurs an einer Sprachschule machen. Sie haben folgende Fragen:
- Wie lange dauert der Kurs?
- Gibt es am Ende des Kurses eine Prüfung?
- Wenn ja: Wenn Sie die Prüfung bestehen, können Sie sich dann an der Universität direkt für einen B2-Kurs anmelden?

Ihr Ansprechpartner ist Herr Yontar.

2. Sie möchten ihre beiden 14- und 16-jährigen Kinder zu einem Sommercamp in den Alpen anmelden. Die beiden sollen ihr Deutsch verbessern. Sie haben folgende Fragen:
- Was können die Jugendlichen in ihrer Freizeit machen?
- Wird auch beim Essen und bei den Freizeitaktivitäten Deutsch gesprochen?
- Ist rund um die Uhr eine Betreuung im Camp?

Ihr Ansprechpartner ist Herr Schettkat.

3. Sie möchten Ihren Führerschein machen und haben folgende Fragen:
- Müssen Sie schon in der ersten Stunde auf der Straße fahren, oder können Sie erst auf einem Parkplatz üben?
- Gibt es auch weibliche Fahrlehrerinnen?
- Bezahlen Sie nach jeder Fahrstunde oder bekommen Sie am Ende eine Gesamtrechnung?
- Wie können Sie sich auf die erste Fahrstunde vorbereiten?

Ihre Ansprechpartnerin ist Frau Piripidou.

16 Formlose Anmeldungen

1 Formell oder informell?

a Lesen Sie. Wohin schreiben Sie eine informelle E-Mail, wohin eine formelle? Kreuzen Sie an.

Kampfsportschule Kiel: Muay Thai, Kickboxen, Krav Maga

Du willst wissen, wo deine Grenzen sind?
Und dann noch ein Stück weiter gehen?

Du hast Lust, dich richtig auszupowern?
Und das mit netten Leuten zusammen?

Dann komm zum Training!
Jeden Tag mitten in Kiel.

Probetraining 2x kostenlos – Melde dich jetzt an!
dojo-kiel@post.de
Schreib uns ein bisschen was zu deinen Kampfsporterfahrungen und darüber, warum du Kampfsport magst oder ausprobieren möchtest!

Kleingartenverein Kleiberstraße, Innsbruck

Bei Interesse an einer Vereinsmitgliedschaft kommen Sie bitte zu unserem nächsten Treffen (unter „Termine"). Melden Sie sich bitte vorher kurz formlos bei uns an. Schreiben Sie auch etwas über sich und darüber, was Sie an einem Kleingarten interessiert.

kgv@kleiberstrasse.de

Bildergalerie

Der Verein
- Vereinsgeschichte
- Mitgliedschaft
- Termine

freie Gärten

	formell	informell
1. an die Kampfsportschule	○	○
2. an den Kleingartenverein	○	○

b Welche Satzanfänge sind aus einer informellen Anmeldung, welche aus einer formellen, welche passen zu beiden? Kreuzen Sie an.

	formell	informell	beide
1. Ich hab auf eurer Homepage gesehen, dass …	○	○	○
2. Auf Ihrer Homepage habe ich gesehen, dass …	○	○	○
3. Ich interessiere mich schon lange für …	○	○	○
4. Für … interessiere ich mich deswegen, weil …	○	○	○
5. Ich würde total gerne mal …	○	○	○
6. Kann ich am … vorbeikommen?	○	○	○
7. Ich würde gern am … zu … kommen.	○	○	○
8. An … interessiert mich …	○	○	○
9. Mir ist wichtig, dass …	○	○	○
10. Mit großem Interesse habe ich Ihre Anzeige gelesen.	○	○	○
11. Ihre Anzeige hat mein Interesse geweckt.	○	○	○

TIPP Die formellen Satzanfänge können Sie auch in Bewerbungen verwenden.

2 Eine Anmeldung schreiben

a Lesen Sie die Situation. Bringen Sie die Informationen in eine sinnvolle Reihenfolge und schreiben Sie dann die Anmeldung.

1. Isabel Adjani

- wichtig: gemischtes Training mit Frauen und Männern
- möchte am Donnerstag zum Probetraining kommen
- interessiert sich schon lange für Kampfsport, ist aber Anfängerin
- hat vor vielen Jahren schon einmal Kickboxen ausprobiert. Das hat ihr Spaß gemacht, aber sie hatte nicht genug Zeit und hat wieder aufgehört.
- würde gern Muay Thai ausprobieren; möchte fit werden und kämpfen lernen

@

____

____

____

____

____

____

____

____

____

b Ordnen Sie die passenden Satzteile zu. Schreiben Sie dann die Anmeldung in Ihr Heft.

2. Mats Eindal…

1. interessiert sich für die Mitgliedschaft im Kleingärtnerverein, ____ a) an dem er sich entspannen kann.
2. versucht im Moment, ____ b) andere Gärtnerinnen und Gärtner kennenzulernen.
3. braucht einen ruhigen Ort, ____ c) weil er keinen eigenen Garten hat.
4. würde gern ____ d) zum nächsten Vereinstreffen am 6. Mai kommen.
5. würde sich freuen, ____ e) auf seinem Balkon Blumen und Gemüse zu pflanzen.

TIPP Den Ausdruck *Ich freue mich* können Sie unterschiedlich ergänzen: *Ich freue mich, neue Leute kennenzulernen.* oder *Ich freue mich, wenn ich neue Leute kennenlernen kann.*

c Interessieren Sie sich mehr für die Kampfsportschule oder für den Kleingartenverein? Wählen Sie und schreiben Sie eine Anmeldung in Ihr Heft.

17 Absagen und Entschuldigungen

1 Wie formell ist die Absage? Sortieren Sie die Nachrichten auf dem Pfeil.

1. Leider kann ich am Montag nicht kommen, weil ich zum Arzt muss.
2. Aus gesundheitlichen Gründen kann ich am Montag leider nicht zum Kurs kommen.
3. Ich kann Montag leider nicht. Bin nächstes Mal aber auf jeden Fall wieder dabei!

_______ _______ _______

informell → formell

2 Lesen Sie die E-Mail und ergänzen Sie die Checkliste.

Betreff: Deutschkurs B1.1 ①

Sehr geehrte Frau Ivanova,

leider kann ich am nächsten Mittwoch, den 25.06., nicht zum Unterricht kommen. ②
Ich habe einen Arzttermin. ③
Die Hausaufgaben bekomme ich von einem anderen Kursteilnehmer. ④

Mit freundlichen Grüßen
Diego Sanchez

[Fragen • Betreff • Grund • Datumsangaben]

In einer Absage...

✓ schreibt man im (1) ____________________, um welche Veranstaltung es geht. ①

✓ schreibt man genau, wann, wie lange oder wie oft man nicht kommen kann. Nehmen Sie lieber keine Adverbien wie *gestern* oder *Montag*, sondern exakte (2) ______________________________, denn Entschuldigungen werden häufig erst einen Tag oder mehrere Tage später gelesen. ②

✓ nennt man einen (3) ____________________ für die Absage. Details muss man nicht schreiben. Wenn man krank ist, kann man einfach *aus gesundheitlichen Gründen* schreiben. ③

✓ klärt man am Ende offene (4) ______________________________, die durch die Absage entstehen können. ④ Oder man kann selbst etwas fragen.

TIPP Bei Absagen und Entschuldigungen ist Höflichkeit besonders wichtig. Schreiben Sie mindestens einmal *leider*, zweimal ist auch in Ordnung.

3 Wichtige Sätze

a Schreiben Sie die Sätze richtig.

1. mir leid, / Es tut / leider doch nicht / aber ich kann / teilnehmen / am Kurs

____

2. am Montag, den 3.7., / Leider / nicht zum Meeting / kommen / kann ich

____

3. werde / ich da sein / Beim zweiten Treffen

____

4. bitte / Sie / Entschuldigen / Absage / die kurzfristige

____

5. tut mir / Es / leid, / absage / ich erst jetzt / dass

____

6. muss ich / Leider / an dem Kurs / absagen / meine Teilnahme

____

7. und kann nicht / Ich habe / am Montag, den 3.7., / leider einen wichtigen Termin / teilnehmen / an der Besprechung

____

8. komme / auf jeden Fall / ich / Am zweiten Termin

____

TIPP Wenn man über die Zukunft spricht, verwendet man oft das Präsens: *Beim zweiten Treffen bin ich da.* Für Versprechen verwendet man dagegen das Futur: *Beim zweiten Treffen werde ich da sein.* So zeigt man seine Absicht, wirklich da zu sein, etwas stärker.

b Welche Sätze in a haben eine ähnliche Bedeutung? Ordnen Sie zu.

_1_ und _6_, ______ und ______, ______ und ______, ______ und ______

4 Entschuldigung, entschuldige, entschuldigen: Ergänzen Sie.

Liebe Marta,

______________________ (1) bitte, dass ich am Samstag nicht beim Training war.

Liebe Frau Maaß,

bitte ______________________ (2) Sie mein Fehlen am Dienstag, den 25.8.

Sehr geehrte Frau Domnowski,

für mein Fehlen am Donnerstag, den 16.03., bitte ich um ______________________ (3).

5 Lesen Sie die Situationen und schreiben Sie Absagen.

1. Sabrina …

- trainiert jeden Mittwochabend Muay Thai in der Kampfsportschule Kiel (S. 44).
- besucht nächste Woche ihre Schwester in Leipzig.
- ist übernächste Woche zurück und kommt wieder zum Training.
- will zwischendurch zu Hause üben.

Der Trainer heißt Sven. Beim Sport duzt man den Trainer normalerweise.

2. Anton Grüneberg …

- ist Mitglied im Kleingartenverein Kleiberstraße in Innsbruck (S. 44).
- fährt am Wochenende nach Warschau, weil seine Tochter heiratet.

Der Kleingartenverein …

- hat für Freitag, 13.05., um 17 Uhr ein Treffen der Mitglieder geplant.
- geht davon aus, dass Herr Grüneberg das Protokoll führt.

Leiterin des Treffens ist Frau Kahl.

TIPP Wenn der Grund für Ihre Absage mit Ihrer Familie zu tun hat, Sie aber nicht die ganze Geschichte erzählen möchten, können Sie *aus familiären Gründen* schreiben.

18 Eine Mitgliedschaft kündigen

1 Eine Mitgliedschaft online kündigen: Lesen Sie die Informationen und füllen Sie das Kündigungsformular aus.

Gestern war ich im Fitnessstudio, und es war schon wieder total voll. Man musste ewig warten, bis man die Geräte benutzen konnte. Das macht echt keinen Spaß. Ich glaube, ich kündige dort. Kannst du mir mit dem Formular helfen?

Fitness am Rhein

Maricarmen Schmidt Velazquez
Mitglied Nr.: 00274639000

Klostergasse 6
50668 Köln

maricarmen@mail.com

Kündigung meiner Mitgliedschaft bei Fitness am Rhein
Bitte schreiben Sie diese Informationen so, wie sie auf Ihrem Mitgliederausweis stehen.

1. Mitgliedsnummer:	
2. Anrede:	◯ Herr ◯ Frau
3. Vorname:	
4. Nachname:	
5. Straße und Hausnummer:	
6. Postleitzahl und Ort:	
7. E-Mail:	

8. Bitte nennen Sie uns den Grund für die Beendigung Ihrer Mitgliedschaft.

◯ Ich bin unzufrieden mit dem Angebot, und zwar aus folgendem Grund:

___

◯ Meine Lebensumstände haben sich geändert.

◯ Meine finanzielle Situation hat sich geändert.

◯ Ich möchte aus einem anderen Grund kündigen, und zwar:

___

TIPP *Meine Lebensumstände haben sich geändert* kann zum Beispiel bedeuten, dass Sie umgezogen sind, dass Sie aus gesundheitlichen Gründen längere Zeit keinen Sport machen können oder dass Sie nach einer Trennung nicht mehr in Ihr altes Fitnessstudio gehen möchten.

2 Eine formlose Kündigung: Ergänzen Sie.

[bestätigen • endet • kündige • teilen]

Betreff: Kündigung der Mitgliedschaft, Mitgliedsnummer 12345 ①

Sehr geehrte Damen und Herren,

hiermit (1) ______________________ ich meine Mitgliedschaft im Verein „Altstadtfreunde Neuenburg" zum nächstmöglichen Zeitpunkt. ②

Bitte (2) ______________________ Sie meine Kündigung und (3) ______________ Sie mir mit, zu welchem Datum meine Mitgliedschaft (4) ______________________. ③

Mit freundlichen Grüßen

3 Lesen Sie die Checkliste und die Informationen. Schreiben Sie dann eine formlose Kündigung.

Bei einer Kündigung sind bestimmte Informationen wichtig. Nur wenn Sie alles mitteilen, können Sie sicher sein, dass Ihr Vertrag wirklich gekündigt ist und nicht weiterläuft.

Schreiben Sie folgende Informationen:

- ✓ Ihre Mitgliedsnummer, wenn Sie eine haben. So kann Ihre Kündigung ohne Missverständnisse zugeordnet werden. ①
- ✓ den Zeitpunkt, wann der Vertrag enden soll. Dabei gelten meistens Kündigungsfristen. Wenn Sie nicht genau wissen, zu welchem Zeitpunkt Sie kündigen können, schreiben Sie *zum nächstmöglichen Zeitpunkt.*②
- ✓ die Bitte um eine schriftliche Bestätigung der Kündigung. ③ Falls Sie später doch noch einmal aufgefordert werden, Mitgliedsbeiträge o.Ä. zu bezahlen, können Sie mit der Bestätigung beweisen, dass der Vertrag gekündigt ist.

Sie sind Mitglied im Fußballclub Kirchhausen und möchten die Mitgliedschaft beenden. Die Kündigungsfrist kennen Sie nicht, aber Sie möchten so schnell wie möglich kündigen.

____

____

____

____

____

____

19 Bestellformulare

1 Eine Online-Bestellung: Lesen Sie die Informationen und die Kreditkarte und füllen Sie das Bestellformular aus.

Dein Warenkorb

Rucksack, M, schwarz-rot
(Lieferzeit: ca. 4-6 Werktage)
1 ▼ **89,90** ✕

Iglu-Zelt, blau, zwei Personen
(Lieferzeit: ca. 4 -6 Werktage)
1 ▼ **299,00** ✕

Gesamtbetrag: **388,90**

Zur Kasse

Die Bestellung soll zu mir nach Hause kommen, die Rechnung auch.

1. Lieferadresse
- ◯ wie Rechnungsadresse
- ◯ andere Adresse
- ◯ Packstation
- ◯ Ja, ich stimme den AGB und der Datenschutzerklärung zu.

Zur Bezahlung

2. Zahlungsart
- ◯ Kreditkarte – Nach dem Bestellen brauchst du deine Kreditkartendaten.
- ◯ Sofortüberweisung – Nach dem Bestellen wirst du zur Sofortüberweisung geleitet. Dort kannst du deine Bezahlung bestätigen.
- ◯ Vorkasse – Nach dem Bestellen schicken wir dir unsere Kontoinformationen per E-Mail. Wenn wir die Bezahlung bekommen haben, bearbeiten wir deine Bestellung.

Bitte gib deine Kreditkarteninformationen an. Damit schließt du die Bestellung ab.
Zahlbetrag: 388,90

3. Name des Karteninhabers			
4. Kartennummer			
5. gültig bis		6. Prüfziffer	

Zahlungspflichtig bestellen

Vielen Dank für deine Bestellung! Du bekommst in Kürze eine Bestätigung per E-Mail.

20 Auf Kleinanzeigen reagieren

1 Nachfragen und einen Termin vereinbaren

a Lesen Sie die Kleinanzeige und schreiben Sie die Sätze richtig.

Damenfahrrad
von A.M.
Verkaufe altes Damenfahrrad.
Privatverkauf, keine Rücknahme, keine Garantie.
75€ VHB

Nachricht schreiben

Hallo!
1. (für / interessiere / das Fahrrad / Ich / mich)

____

2. (Bremsen / Funktionieren / die)

____

Viele Grüße
Sina

Hallo Sina,
3. (in Ordnung / die Bremsen / sind)

____

4. (gefahren / bin bis vor Kurzem selbst noch / Ich / mit dem Fahrrad)

____

VG

5. (mal ansehen / Kann / es / ich / mir)

____

Ja, klar.
6. (morgen Nachmittag um 3 / wäre / Wie / es)

____

TIPP Die Anrede mit *du* oder *Sie* ist bei Antworten auf Online-Kleinanzeigen unterschiedlich. Viele Leute nennen aber ihren richtigen Namen nicht gleich. Oft weiß man nicht, ob es ein Mann oder eine Frau ist oder welches Alter die Person hat. Dann kann man versuchen, die Sätze so zu schreiben, dass man nicht *du* oder *Sie* schreiben muss, z.B.: *Kann ich mir das Fahrrad mal ansehen?* Und nicht: *Wann haben Sie / hast du Zeit?* Am Anfang kann man einfach *Hallo!* schreiben.

b Ergänzen Sie die Pronomen.

TIPP Bei Pronomen für Gegenstände müssen Sie auf das Geschlecht des Gegenstands achten: Auch Dinge sind *er*, *sie* oder *es*. Bei zwei Personalpronomen steht Akkusativ vor Dativ.

1. Ich interessiere mich für das Fahrrad. Kann ich __________ __________ mal ansehen?
2. Wir hätten Interesse an dem Schrank. Wann können wir __________ __________ mal ansehen kommen?
3. Die Kommode gefällt uns. Könnten wir __________ __________ mal angucken?
4. Ist der Fernseher noch zu haben? Falls ja, würde ich __________ __________ gern mal ansehen.

2 Fragen stellen: Schreiben Sie die Fragen richtig.

Waschmaschine – voll funktionsfähig
Verkaufe wegen Umzug meine Waschmaschine. Sie ist etwa 6 Jahre alt und funktioniert gut, wird nur manchmal ein bisschen laut.
Nur an Selbstabholer.
120€

Nachricht schreiben

1. (die Waschmaschine / Ist / zu haben / noch)

____

Ja, die ist noch da.

2. (in einem guten Zustand / sie / Ist)

____

Ja, sehr gut. Sie wird halt manchmal ein bisschen lauter. Aber das habe ich ja auch in der Anzeige geschrieben.

3. (kommen / Kann / mal ansehen / mir / ich / sie)

____

Gern. Morgen um 16 Uhr?

4. Das passt gut. (denn / Wie groß / die Waschmaschine / ist)

____

60 x 60 x 85 cm.

5. (Und / die Adresse / ist / wie)

____

Hintere Sterngasse 23.

6. (soll / ich / Wo / klingeln)

____

Bei Topmaz.

Alles klar! Dann bis morgen!

Bis morgen!

TIPP Statt der persönlichen Fragen *Wo wohnen Sie?* und *Wie heißen Sie?* können Sie schreiben: *Wie ist die Adresse?* und *Wo soll ich klingeln?*

3 Kleine Wörter, die die Sprache natürlicher machen

a Was bedeuten die kleinen Wörter? Ordnen Sie zu.

1. Kann ich sie mir **mal** ansehen kommen?
2. Wie groß ist die Waschmaschine **denn**?
3. Sie wird **halt** manchmal ein bisschen lauter.
4. Das habe ich **ja** auch in der Anzeige geschrieben.

_____ a) Das Wort drückt Interesse aus. Es wird in Fragen verwendet, wenn man bestimmte Informationen wie das Alter, den Wohnort o. Ä. wissen möchte. Vor allem kurze Fragen wirken dadurch freundlicher und weniger streng.

_____ b) Damit sagt man: Es ist klar, dass der andere das schon weiß. Man wiederholt es nur zur Sicherheit.

_____ c) Mit diesem Wort drückt man eine Bitte aus. Man könnte auch *bitte* schreiben, aber dieses Wort ist etwas weniger formell. Die Frage kann auch weniger dringend wirken, wenn Sie *mal* statt *bitte* sagen oder schreiben.

_____ d) Damit sagt man, dass etwas zwar nicht gut ist, man es aber leider nicht ändern kann.

TIPP Wörter wie *mal, denn, halt* oder *ja* sind Modalpartikeln. Man verwendet sie vor allem in der gesprochenen Sprache und in der informellen schriftlichen Kommunikation. Die beiden Wörter *denn* und *mal* kann man kombinieren. In Kombination machen sie eine Frage einerseits höflich, aber anderseits nicht zu formell.

b Welche kleinen Wörter aus a passen? Ergänzen Sie.

1. Die kleinen Katzen sehen alle unterschiedlich aus. Das sieht man ________ auch auf dem Foto.
2. Kann ich die Jacke ________ anprobieren?
3. Der Tisch hat ________ ein paar kleine Flecken. Aber sonst ist er noch super.
4. Wie viele Liter verbraucht das Auto ________?
5. Wann könnte ich ________ ________ vorbeikommen?

4 Sie interessieren sich für einen Schreibtisch. Schreiben Sie der Verkäuferin oder dem Verkäufer. Verwenden Sie in mindestens zwei Sätzen die Modalpartikeln denn und mal.

1. ____

Ja, der ist noch zu haben.

2. ____

Vielleicht am Samstagvormittag? Um 11?

3. ____

Hauptstraße 9 in Gunzenhausen.

4. ____

Bei Strobel.

5. ____

Bis Samstag!

21 Online-Anzeigen aufgeben

1 Ein Angebot schreiben

a Welche Ausdrücke aus der Anzeige haben eine ähnliche Bedeutung? Ordnen Sie zu.

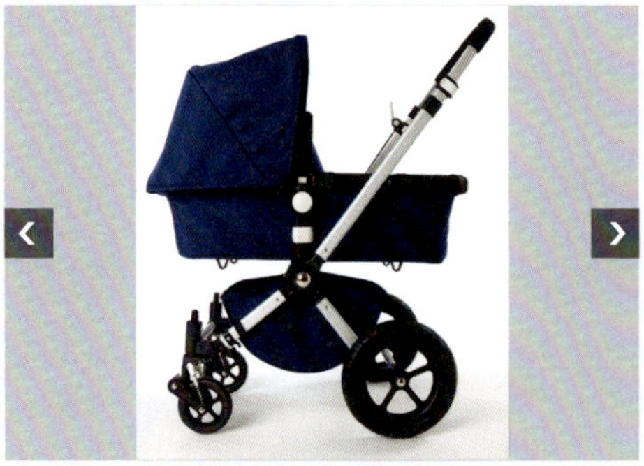

Kinderwagen mit Zubehör
150€ VHB
Gepflegter Kinderwagen, außen blau und innen dunkelgrau.
Preis inkl. Fliegennetz, Regenschutz, Babytasche und Flaschenhalterung.
Guter Zustand, nur leichte Gebrauchsspuren, wie auf dem Foto zu sehen.
Nur an Selbstabholer.
Privatverkauf, keine Garantie, Gewährleistung und Rücknahme

1. Dinge, die zu dem Kinderwagen dazugehören ____________
2. Preis kann auch etwas niedriger sein ____________
3. sauber und ordentlich ____________
4. im Preis mit drin ____________
5. funktionsfähig und nicht kaputt ____________
6. nicht 100% wie neu ____________
7. keine Lieferung, muss abgeholt werden ____________

TIPP Der Hinweis *Privatverkauf, keine Garantie, Gewährleistung und Rücknahme* bedeutet, dass man die Ware nicht zurückgeben kann und der Verkäufer keine Garantie darauf gibt.

b Sehen Sie das Foto an und lesen Sie die Informationen. Schreiben Sie dann ein Angebot in Ihr Heft. Die Wörter aus a helfen Ihnen.

Sie möchten Ihre alte Gitarre verkaufen:
350€ (oder ein bisschen weniger)
leicht zu spielen, auch für Anfänger
mit Koffer, Gurt und Gitarrenständer
Fast wie neu (Foto)
muss abgeholt werden
privat

2 Ein Gesuch schreiben

a Welches Wort passt? Ordnen Sie zu.

[Preis • Bitte • Darf • Suche]

1. ____________ günstigen Rasenmäher für kleinen Garten.
2. ____________ nur Benzin- oder Akkurasenmäher, da kein Strom vorhanden ist.
3. ____________ gern älter sein, wenn er noch zuverlässig funktioniert.
4. ____________ : bis 50 Euro

b Lesen Sie die Informationen und schreiben Sie ein Gesuch in Ihr Heft.

Sie hätten gern eine günstige Tischtennisplatte. Sie sollte für draußen sein, weil Sie sie in den Garten stellen wollen. Es ist in Ordnung, wenn sie älter ist. Sie sollte aber keine größeren Schäden haben. Sie möchten maximal 100 Euro bezahlen.

22 Produkte bewerten und vergleichen

1 Lesen Sie die Produktbewertungen und ergänzen Sie das Verb *gefallen* in der richtigen Form.

1. Super Buch! Mir ______________________ vor allem die Figuren – sehr interessant und trotzdem realistisch.
2. Die Hose passt mir, aber die Farbe ___________________ mir nicht. Sie ist anders als auf dem Foto.
3. Vor diesem Staubsauger hatte ich ein älteres Modell von derselben Marke. Das hat mir besser ___________________________.
4. Die Lampe ____________________________ mir total gut.

TIPP Bei dem Verb *gefallen* steht die Person, der etwas gefällt, im Dativ. Die Sache, die jemandem gefällt, ist das Subjekt des Satzes und steht im Nominativ. Sie bestimmt, ob das Verb im Singular oder im Plural steht.

2 Vergleiche: Ergänzen Sie *wie* oder *als*.

TIPP Bei einem Vergleich von ungleichen Sachen (zum Beispiel mit dem Komparativ oder mit der Kombination *weniger* und Adjektiv => + oder -) steht *als*. Bei einem Vergleich von gleichen Sachen (*genauso …, so …* => =) steht *wie*, auch wenn diese Form durch das Wort *nicht* verneint wird: *Der Tisch ist nicht so groß (≠) wie der andere. Er ist kleiner (+) als der andere.*

1. Der Akku hält viel länger (+) ________ bei anderen Kameras.
2. Das Auto fährt mit Diesel. Damit ist das Tanken weniger teuer (-) ________ bei einem Benziner.
3. Ich finde das Design nicht so schön (≠) ________ bei anderen Modellen.
4. Der Vac2000 ist genauso gut (=) ________ ein teurer Markenstaubsauger, kostet aber weniger.
5. Die Batterien lassen sich viel leichter wechseln (+) ________ bei den alten Modellen.

3 Vergleiche mit der eigenen Erwartung: Schreiben Sie die Sätze wie im Beispiel.

1. Ich hatte gedacht, der Kaffee schmeckt gut. Aber er schmeckt nicht so gut.

   Der Kaffee schmeckt nicht so gut, wie ich gedacht hatte.

2. Ich hatte gedacht, dass das Spiel langweilig ist. Aber es ist lustig.

   Das Spiel ist lustiger, als ____.

3. Ich hatte erwartet, dass das Licht kalt ist. Aber es ist wärmer.

   ____.

4. Ich hatte gehofft, dass der Schrank stabil ist. Aber er ist nicht so stabil.

   ____.

5. Ich hatte befürchtet, dass der Aufbau schwierig ist. Aber das hat nicht gestimmt.

   Der Aufbau war weniger ____.

TIPP Beachten Sie: Wenn *wie* oder *als* Präpositionen sind, steht davor kein Komma (wie in Aufgabe 2). Wenn *wie* oder *als* Konjunktionen sind und ein Nebensatz folgt, steht davor ein Komma (wie in Aufgabe 3). Beachten Sie außerdem, dass die Erwartung, die Hoffnung und die Befürchtung in Aufgabe 3 im Plusquamperfekt steht, weil sie zeitlich vor dem Kauf liegt.

4 Superlative: Ergänzen Sie die Sätze wie im Beispiel. Einmal brauchen Sie außerdem eine Präposition.

1. Das ist der (gut ++) *beste* Computer, *den* ich je hatte.
2. Das ist die (laut ++) ________ Waschmaschine, ______ ich je benutzt habe.
3. Das ist der (schlecht ++) ________ Film, ______ ich je gesehen habe.
4. Das ist die (langweilig ++) ________ Geschichte, ______ ich je gelesen habe.
5. Das ist das (hart ++) ________ Sofa, ______ ______ ich je gesessen habe.

5 Lesen Sie die Informationen und die Bewertung und schreiben Sie dann weitere Produktbewertungen. Die Strukturen aus 1 – 4 helfen Ihnen.

Das sagen unsere Kunden zu diesem Produkt:

Rasierer - - (je mit rasiert)
Rasieren: dauert lang +
(⇔ Nassrasierer)
Haut rot, aber nicht glatt

★☆☆☆☆ **Nie wieder!**

Das ist der schlechteste Rasierer, mit dem ich mich je rasiert habe. Das Rasieren dauert länger als mit einem Nassrasierer. Und danach war meine Haut rot, aber nicht glatt. Keine Kaufempfehlung!

1.
- Rasierer ≠ (⇔ Nassrasierer)
- gefallen: trotzdem ganz gut
- Akku: hält lang + (⇔ andere elektrische Rasierer)

★★★☆☆ Für einen elektrischen Rasierer ganz gut.

____

____

____

____

2.
- ++ elektrischer Rasierer (je benutzt)
  Aber: mein Bart stark ≠ (⇔ andere)
- leise + und liegt gut + in der Hand (⇔ mein alter Rasierer)
- kann man gut + reinigen

★★★★★ **Super!**

____

____

____

____

23 Erfahrungsberichte

1 *Wenn* oder *als*? Ergänzen Sie.

1. ________ ich den Tisch aufgebaut habe, habe ich sofort gesehen, dass ein Bein kürzer war.
2. ________ ich den Ventilator auf die höchste Stufe stelle, kühlt er wirklich gut.
3. ________ ich früher Drucker gekauft habe, haben sie höchstens ein Jahr gehalten.
4. ________ ich das Kleid gesehen habe, dachte ich erst, dass es zu klein ist. Aber es passt perfekt.

TIPP Wenn etwas einmal in der Vergangenheit passiert ist, verwendet man *als*. Wenn etwas mehrmals in der Vergangenheit oder in der Gegenwart geschieht, benutzt man *wenn*.

2 Mängel beschreiben: Was passt? Kreuzen Sie an.

1. Der Laptop ist ohne Akku ___1___ worden.
2. Beim Aufbauen habe ich ___2___, dass Schrauben ___3___.
3. Für die Stadt ist der Rucksack in Ordnung, aber für lange Wanderungen ist er meiner Meinung nach nicht ___4___, weil er drückt, wenn er schwer ist.
4. Das Rücklicht ist sofort ___5___, als ich mit dem Fahrrad nur ganz leicht gegen die Wand gestoßen bin.
5. Erst wurde mir ein Lieferzeitraum von 24 Stunden ___6___. Als der Kühlschrank nicht kam, habe ich angerufen. Da wurde mir dann gesagt, dass es 72 Stunden ___7___ kann, bis die Lieferung kommt. Wenn ich das gewusst hätte, hätte ich mein Wochenende anders geplant!
6. Es war viel schwieriger, als ich gedacht hatte, den Schrank ___8___. Als ich endlich fertig war, habe ich gemerkt, dass eine Tür nicht richtig ___9___. Sie passt nicht richtig.
7. Die Lieferung ___10___ pünktlich und vollständig. Ich bin sehr zufrieden!
8. Mit dem Bügeleisen bin ich nicht zufrieden. ___11___ war es das teuerste, das es gab! Aber es dauert lange, bis es richtig heiß ist, und beim Bügeln läuft Wasser aus. Für den Preis hätte ich wirklich mehr ___12___.

1 a geholt
b geliefert
c bekommen

2 a gemerkt
b gewusst
c gekannt

3 a vermissten
b nicht waren
c fehlten

4 a passt
b stimmt
c geeignet

5 a geschlagen
b abgebrochen
c kaputtgemacht

6 a genannt
b gegeben
c informiert

7 a dauern
b nehmen
c sein

8 a zu bauen
b zu bilden
c aufzubauen

9 a schließt
b zumacht
c zugemacht ist

10 a verfolgte
b erfolgte
c folgte

11 a Dafür
b Dazu
c Dabei

12 a erwartet
b gedacht
c gehofft

TIPP *Eine Tür schließt nicht richtig* bedeutet, dass man sie nicht richtig zumachen kann.

3 Bewertungen: Ist das positiv oder negativ? Kreuzen Sie an.

	positiv	negativ
1. Die Lieferung erfolgte pünktlich.	◯	◯
2. Die Lieferung war nicht vollständig.	◯	◯
3. Ein Teil war defekt.	◯	◯
4. Ich bin mit dem Produkt zufrieden.	◯	◯
5. Das Preis-Leistungs-Verhältnis passt.	◯	◯
6. Für den Preis hätte ich mehr erwartet.	◯	◯

4 Das Verb *sich lassen*: Formulieren Sie die Sätze wie im Beispiel.

TIPP Statt *Man kann …* kann man auch Sätze mit *sich lassen* bilden: *Man kann das Licht gut einstellen. = Das Licht lässt sich gut einstellen.* Diese Konstruktion findet man oft in Produktbeschreibungen.

1. Man kann den Akku leicht austauschen.

   Der Akku lässt sich leicht austauschen.

2. Man kann das Regal schnell auf- und abbauen.

   ____

3. Man kann das Handy leicht bedienen.

   ____

4. Man kann das Kleid auch mit bunten Sachen kombinieren.

   ____

5. Man kann die Temperatur nicht gut einstellen.

   ____

5 Schwierigkeiten mit Kleidungsstücken: Was passt? Ordnen Sie zu.

1. Die Schuhe sind zu eng.
2. Der linke Schuh bewegt sich, wenn man ihn trägt. Dadurch entstehen Verletzungen auf der Haut.
3. Das Kleid ist oben zu weit und unten zu eng.
4. Bei dem Kleid ist eine Naht aufgegangen und die Knöpfe fallen ab.
5. Das Kleid ist aus Kunststoff. Es juckt auf der Haut, ich schwitze schnell und meine Haare bleiben daran kleben, wenn ich es über den Kopf ziehe.

_____ a) Es ist schlecht geschnitten.

_____ b) Es ist nicht gut verarbeitet.

_____ c) Sie drücken.

_____ d) Das Material fühlt sich unangenehm an.

_____ e) Er scheuert.

6 Lesen Sie die Informationen und markieren Sie, wie viele Sterne vermutlich über dem Bericht stehen. Schreiben Sie dann je einen Erfahrungsbericht in Ihr Heft. Die Strukturen aus 1 – 4 helfen Ihnen.

1. ☆☆☆☆☆
- Handy vor Kurzem heruntergefallen, Display kaputtgegangen
- neues Display bestellt
- Lieferung mit kleinem Schraubenzieher und Anleitung
- neues Display: kann man leicht einbauen
- sehr zufrieden, guter Service
- Fairstphone = ++ Handy (je gehabt)
- nie wieder ein Handy, bei dem man die Teile nicht austauschen kann

2. ☆☆☆☆☆
- Lieferung pünktlich
- nicht vollständig: kein Werkzeug für den Aufbau
- E-Mail geschrieben, zwei Tage später Werkzeug bekommen
- Kommode: leicht aufbauen
- Schubladen: passen, schließen
- Farbe wie auf dem Foto, Kommode gefällt
- insgesamt zufrieden, trotz kleiner Startschwierigkeiten

3. ☆☆☆☆☆
- Kühlschrank gesehen: Design sofort gefallen
- Leider: Design das Beste an diesem Kühlschrank.
- höchste Stufe: kühlt nicht richtig
- Lieferung ohne Gemüsefach
- Griff in der ersten Woche abgebrochen
- nicht billig: für den Preis mehr erwartet
- zurückgeschickt

4. ☆☆☆☆☆
- für kurze Wege ok, aber keine längeren Spaziergänge
- drücken oben, scheuern hinten
- Nähte: nicht gut verarbeitet
- aber: Farbe gefällt und Schuhe vielleicht angenehm +, wenn sie ein bisschen eingelaufen sind
- günstig, Preis-Leistungs-Verhältnis = OK
- Schuhe behalten, nicht zurück
- Lieferung: 48 Stunden genannt, schon am nächsten Tag da

TIPP *Schuhe einlaufen* bedeutet, dass man neue Schuhe ein paar Stunden trägt, damit sie sich an die Füße anpassen und angenehmer zu tragen sind.

24 Kommunikation mit Kolleginnen und Kollegen

1 Hier sind zwei E-Mails vermischt. Ordnen Sie die Teile und schreiben Sie.

neuer Auftrag • Manal • Bitte sagen Sie mir kurz Bescheid, wann es Ihnen passt. • Meld dich doch kurz und sag Bescheid, ob du Zeit hast. • Stefano diMasio • Wir treffen uns um 12 unten vor der Tür und gehen zusammen rüber. • Ich richte mich ganz nach Ihnen. • Ich würde gern mit Ihnen über den neuen Auftrag sprechen. • Sandra, Adib und Henry sind auch dabei. • hätten Sie heute Nachmittag kurz Zeit für mich? • Kommst du nachher mit uns in die Kantine? • Herzliche Grüße • Hey Tom! • Liebe Frau Kohlmeyer, • LG • Mittagessen

TIPP Kolleginnen und Kollegen bei der Arbeit können unterschiedlich angesprochen werden: In einigen Betrieben duzt man sich, in anderen siezt man sich. Es gibt auch Betriebe, in denen sich einige Kolleginnen und Kollegen duzen und andere sich siezen. Die Anrede im Alltag gibt vor, welche Konventionen man in Briefen und E-Mails verwendet: informell, wenn man sich duzt, oder halbformell, wenn man sich siezt. Seltener verwendet man die formelle Konvention.

1. **informelle E-Mail**

Betreff: ____________________

____

____

____

____

____

____

____

2. **halbformelle E-Mail**

Betreff: ____________________

____

____

____

____

____

____

____

2 Rundmails: E-Mails an mehrere Kolleginnen und Kollegen schreiben

a Welche Erklärung passt zu welcher Anrede? Ordnen Sie zu.

1. _____ Hallo zusammen, …
2. _____ Liebe Kollegen, …
3. _____ Liebe Kolleginnen und Kollegen, … / Liebe Kolleg*innen, …
4. _____ Liebes Team, …

a) Die Personen, denen Sie schreiben, sind alle männlich.

b) Diese Anrede ist für informelle E-Mails geeignet. Man muss sich dabei keine Gedanken über das Geschlecht der Ansprechpartner machen.

c) Mit dieser Anrede sind Männer und Frauen gemeint. Mit dem Genderstern * zeigen Sie, dass Sie die aktuelle gesellschaftliche Debatte kennen (s. Tipp).

d) Sie schreiben einer bestimmten Gruppe, die Sie benennen können.

TIPP Die Schreibweise *Kolleg*innen* meint Männer, Frauen und Menschen, die zu keinem der beiden Geschlechter gehören. Manchmal liest man die Anrede *Liebe alle*. Das ist eine direkte Übersetzung aus dem Englischen, die nicht alle Leute als richtig empfinden.

b Rundmails unter Duz- und Siez-Kolleg*innen: Ergänzen Sie die Personalpronomen.

Betreff: Aufgabenverteilung

Liebes Team,

hoffentlich hattet _________ (1) / hatten _________ (2) alle ein schönes Wochenende.
Zu Beginn der Woche würde ich gern kurz die Aufgabenverteilung absprechen.
@Sebastian: Könntest _________ (3) die Verträge vorbereiten?
@Herr Aziz: Wie weit sind _________ (4) mit den Preiskalkulationen?
@Xenia: Könntest _________ (5) noch die letzten Fragen mit dem Kunden klären?
_________ (6) selbst treffe mich heute noch einmal mit Frau Özdemir.
Falls es noch Fragen gibt: _________ (7) bin jederzeit telefonisch oder per E-Mail erreichbar.

Herzliche Grüße
Amy (McCarthy)

TIPP Wenn Sie Kolleginnen und Kollegen schreiben, von denen Sie einige duzen und andere siezen, können Sie Schreibweisen wie *hattet ihr / hatten Sie* verwenden. Einfacher ist es, wenn Sie die Sätze nach Möglichkeit unpersönlich formulieren, z. B. *Falls es noch Fragen gibt, …* statt *Falls ihr noch Fragen habt / Sie noch Fragen haben, …* Am Anfang schreibt man oft eine freundliche Einleitung.

c Lesen Sie die Informationen und schreiben Sie eine Rundmail in Ihr Heft.

Es gibt in Ihrem Büro drei Kolleginnen und Kollegen, mit denen Sie Ihre Urlaubszeiten abstimmen müssen, weil immer zwei von Ihnen da sein müssen. Sie möchten im August gern für drei Wochen verreisen. Bitten Sie die drei Personen, Ihnen ihre gewünschten Urlaubszeiten mitzuteilen. Judith ist die einzige der drei Personen, die Kinder hat. Fragen Sie sie, ob sie ihren Urlaub in den Schulferien nehmen möchte.

Judith

Herr Bohnert

Frau Moureau

3 Chatten

a Welche beiden Antworten passen? Ordnen Sie zu.

1. _______ Danke!
2. _______ Ich erledige das so bald wie möglich, aber es kann ein bisschen dauern.
3. _______ Entschuldigung!
4. _______ Hier kommen die Dokumente.
5. _______ So machen wir es.
6. _______ Schönen Feierabend!

a) Gleichfalls! / Ebenso!
b) Vielen Dank (dafür)!
c) Kein Ding! / Gern!
d) (Nur) Kein Stress!
e) In Ordnung. / Dann haben wir ja alles geklärt.
f) Sehr gern. / Keine Ursache.
g) Danke dir!
h) Kein Ding! / Kein Problem! / Macht nichts!
i) Wünsch ich dir auch!
j) Das macht (doch) nichts.
k) Keine Eile. / Es ist (wirklich) nicht eilig.
l) Alles klar. / Geht klar.

TIPP Wenn Sie Ihre Kolleginnen und Kollegen duzen, können Sie in Chat-Nachrichten das Personalpronomen *ich*, die Verbendung *-e* nach *ich* und *das* Demonstrativpronomen das weglassen: *Danke dir! Wünsch ich dir auch! Macht nichts!* Achtung: Das Verb steht hier nur scheinbar an erster Stelle. In Gedanken steht davor ein *ich* oder ein *das*: *Ich danke dir! Das wünsche ich dir auch! Das macht nichts!* In formelleren Chats schreibt man eher ganze Sätze oder Ausdrücke.

b Welche Antworten aus a sind formell und welche informell? Ordnen Sie die Buchstaben zu.

formell: ______, ______, ______, ______, ______, ______ **informell:** ______, ______, ______, ______, ______, ______

c Informelle Nachrichten: Schreiben Sie die Sätze richtig.

Eva 1. leider / Bin / in einer Besprechung / noch
____

2. so schnell / Melde / wie möglich / mich
____

3. bin / Kein Stress, / beschäftigt / auch noch — Tom
____

Eva 4. dir / mit den Dokumenten / eine Mail / geschickt / Hab
____

5. danke dir! / ich / bekommen, / Hab — Tom
____

Eva 6. spät / Sorry, / ein bisschen / bin
____

7. hab / angefangen / schon mal / Kein Ding, — Tom
____

Eva 8. dass der Drucker wieder geht? / du / Kannst / Karim / sagen,
____

9. richte / Klar, / aus / ich — Tom
____

4 Aus dem Home-Office

a Wie könnten die Nachrichten weitergehen? Ordnen Sie zu.

1. _____ Liebe Hannah, es reicht vollkommen, wenn du mir die Dokumente morgen schickst.
2. _____ Ich glaube, mein Mail-Programm geht gerade nicht. Die Mail ist nicht angekommen.
3. _____ Ich kann den Anhang nicht öffnen.
4. _____ Guten Morgen! Wollen wir kurz telefonieren?

a) Ich muss dich noch ein paar Sachen fragen.
b) Heute komme ich sowieso nicht mehr dazu, sie zu bearbeiten.
c) Welches Dateiformat hast du verwendet?
d) Kannst du sie vielleicht noch mal an meine andere Adresse schicken?

TIPP Das Verb *reichen* kann man mit *es* und mit *das* verwenden. *Es* verwendet man, wenn man danach erklärt, was genau reicht: *Es reicht, wenn du …* *Das* verwendet man, wenn man etwas meint, was vorher gesagt wurde: *Ich schicke dir die Dokumente morgen, okay? – Ja, das reicht.*

b Lesen Sie die Nachrichten und die Informationen und schreiben Sie eine Antwort. Die Sätze aus 3 und 4 helfen Ihnen.

Raphaela:
Guten Morgen! Brauchst du noch irgendetwas für die Online-Konferenz nachher?

1. (Sie möchten Raphaela anrufen und mit ihr über die Tagesordnung sprechen.)

____

____

Orhan:
Hey! Kann ich dir den Einladungstext nächste Woche schicken? Diese Woche habe ich noch so viel zu tun.

2. (Sie sind einverstanden, da Sie diese Woche selbst noch viel zu tun haben.)

____

____

Chris:
Hier kommen die Verkaufszahlen von letztem Monat.

3. (Sie haben Probleme mit dem Programm und können die Datei nicht öffnen. Chris soll sie an Ihre andere Mailadresse schicken.)

____

____

Omo:
Ist alles klar, oder wollen wir noch kurz telefonieren?

4. (Sie haben keine Fragen mehr und verabschieden sich in den Feierabend.)

____

____

25 Kommunikation mit der Verwaltung

1 Lesen Sie die E-Mail und die Informationen und ergänzen Sie die Antwort.

Betreff: neuer Arbeitsvertrag

Lieber Herr Dammann,

könnten Sie heute Nachmittag vorbeikommen und Ihren neuen Arbeitsvertrag unterschreiben?

Viele Grüße
Sabrina Donner

Finn Dammann ist im Homeoffice und kann nicht ins Büro kommen. Er möchte, dass Sabrina Donner ihm den Vertrag als PDF zuschickt, damit er ihn digital unterschreiben kann.

Betreff: Re: neuer Arbeitsvertrag

Liebe ______________________ (1),

leider ____ (2)
und kann nicht ______________________________ (3). Wäre es möglich, ______________
______________________________ (4)? Dann könnte ich ______________________
______________________ (5).

Viele Grüße
Finn Dammann

TIPP In vielen Unternehmen ist die Kommunikation mit Verwaltungsmitarbeiterinnen und -mitarbeitern formeller als mit anderen Kollegen. Doch auch hier gilt: Stil und Konventionen einer E-Mail sind abhängig vom persönlichen Verhältnis und der Anredeform im Alltag.

2 Lesen Sie die E-Mail und die Informationen und antworten Sie. Verwenden Sie dabei die Satzanfänge aus 1.

Betreff: Urlaubsplanung

Liebe Frau Isiramen,

könnten Sie mir Ihre Urlaubswünsche für die zweite Jahreshälfte mitteilen? Ich würde morgen gern die Urlaubsplanung machen.

Herzliche Grüße
Sedat Avci

Joy Isiramen ist auf Dienstreise und kann den Urlaub nicht so spontan planen. Sie möchte Herrn Avci am Montag Bescheid sagen, wenn sie mit ihrer Familie gesprochen hat.

3 Anhänge verschicken: Lesen Sie die E-Mail und ergänzen Sie die Antworten.

Betreff: Stundenzettel für den September

Hallo liebes Team!

Es ist wieder Abrechnungszeit. Bitte schickt / schicken Sie mir die Stundenzettel für den September bis zum 5.10.

Viele Grüße
Anja (Schreiber)

______________________________ (1),

hier kommt ____ (2).

VG
Bozhena

______________________________ (3),

im Anhang sende ich Ihnen ______________________________________ (4).

Viele Grüße
Irina Mrozek

TIPP Auch beim Versenden von Anhängen gibt es Unterschiede in der Formalität. In formellen Mails kann man auch schreiben: *Anbei/Hiermit sende ich Ihnen …* Achtung: Es gibt keine Formulierung mit *finden* (~~*Bitte finden Sie… / Im Anhang finden Sie …*~~).

4 Lesen Sie die E-Mail und die Informationen und ergänzen Sie die Antwort.

Betreff: Personalbogen

Lieber Herr Tas,

könnten Sie morgen bei mir im Büro vorbeikommen und Ihren Personalbogen abgeben? Ich brauche ihn, um Ihren Vertrag fertigmachen zu können.
Und noch eine Frage, da Sie nun fest bei uns arbeiten: Wäre es Ihnen recht, wenn wir uns duzen? Das machen wir hier im Büro alle so.

Viele Grüße
Leyla Javaheri

Baris Tas nimmt das Du an und schickt den Personalbogen im Anhang. Die Sozialversicherungsnummer reicht er nach, sobald er sie hat.

______________________________ (1),

sehr gern können wir uns duzen.

____

____ (2)

______________________ (3)

__________________ (4)

26 Kommunikation mit Vorgesetzten

1 Auf Bitten von Vorgesetzten reagieren: Lesen Sie die E-Mail und den Dialog und ergänzen Sie die Antworten von Meghan Heneghan und Frank Delroy.

Betreff: Termin mit der Firma Intec

Liebes Team,

wer von Ihnen könnte mich am Mittwoch um 11 Uhr zum Termin mit der Firma Intec begleiten?
Sie müssten sich vorher noch kurz in die aktuelle Planung einarbeiten. Ich denke, das würde etwa zwei bis drei Stunden dauern. Bitte geben Sie mir bis 15 Uhr Bescheid.

Viele Grüße
Esther Zuckermann

Hey Meghan! Hast du die Mail von Frau Zuckermann gelesen?

Ja, ich habe gerade zurückgeschrieben. Ich habe da einen Termin mit der Firma Stoll. Ich hoffe, jemand von euch kann mitgehen. Wenn ich den Termin bei Stoll absage, dauert das Projekt noch länger. Wie ist es denn bei dir?

Also ich könnte mitgehen. Dann müsste sich nur jemand anderes um den Praktikanten kümmern. Oder ich frage Frau Zuckermann, ob ich ihn mitnehmen kann. Ich schreibe ihr gleich mal.

Das wäre super, Frank.

______________________________ (1),

leider ______________________________ (2)

und würde mich daher freuen, wenn ______________________________ (3).

Im Notfall könnte ich ______________________________ (4), aber dann

______________________________ (5).

______________________________ (6)

______________________________ (7)

______________________________ (8),

sehr gern ______________________________ (9).

Allerdings betreue ich ja zurzeit ______________________________ (10). Kann ich ihn vielleicht

______________________________ (11)? Der Termin wäre für ihn sicherlich sehr interessant.

Was meinen Sie?

______________________________ (12)

______________________________ (13)

2 Welche Funktionen haben die Ausdrücke? Kreuzen Sie an.

	um Erlaubnis fragen	um Informationen oder Unterlagen bitten	bei Schwierigkeiten um Unterstützung bitten
1. Für … bräuchte ich noch einige Hintergrundinformationen.	○	○	○
2. Ich hatte einige Schwierigkeiten mit / bei … und wollte fragen, ob Sie …	○	○	○
3. Könnten Sie mir die Pläne / die Dateien / die Dokumente zuschicken?	○	○	○
4. Dürfte ich…	○	○	○
5. Wäre es in Ordnung, wenn ich … würde?	○	○	○
6. Allerdings finde ich es nicht ganz einfach, … zu … und wollte Sie daher bitten, … zu …	○	○	○

3 Lesen Sie die Informationen und schreiben Sie die E-Mails in Ihr Heft. Die Ausdrücke aus 2 helfen Ihnen. In einigen E-Mails brauchen Sie mehrere Ausdrücke.

1. Das Internet hat den ganzen Tag nicht funktioniert.
Samuel Hofer möchte, dass jemand überprüft, woran es liegt. Es ist nicht das erste Mal, dass das passiert.
Außerdem konnte er den ganzen Tag nicht recherchieren und möchte seinen Artikel einen Tag später abgeben. Seine Vorgesetzte heißt Frau Zimmermann.

2. Heike Weber möchte den Finanzplan für das neue Projekt machen, aber sie weiß nicht, wie viel Geld für die einzelnen Posten zur Verfügung steht. Sie braucht eine Aufstellung der Posten von ihrem Chef, Herrn Kaminsky.

3. Hassan Ahmadi muss in seiner Mittagspause die Kinder von der Schule abholen und nach Hause bringen. Deswegen kommt er wahrscheinlich eine halbe Stunde später aus der Mittagspause und würde die Zeit gern an demselben Tag nachholen. Er hofft, dass sein Chef Luca Zingarelli einverstanden ist.

TIPP Den Konjunktiv II verwendet man nicht nur für direkte Bitten. Auch wenn man Vorschläge macht oder aus einem anderen Grund noch nicht ganz klar ist, wie etwas geplant wird, ist der Konjunktiv II höflicher. Man drückt damit aus, dass man noch auf das Einverständnis der anderen Person wartet: *Wir könnten auch ...; Dann hätten/würden/könnten wir ...; Außerdem würde ich ...*

27 Handy, Telefon, Internet

1 Lesen Sie die Tarifinformationen. Welche Wörter daraus passen zu den Erklärungen unten? Ordnen Sie zu.

Telefonieren, Surfen, SMS: Ganz so, wie es für dich passt!

✓ Zuverlässiges Netz ✓ Monatlich kündbar ✓ mit Rufnummermitnahme

WENIGTELEFONIERER*INNEN	GERNETELEFONIERER*INNEN	VIELTELEFONIERER*INNEN
1 GB DATEN	10 GB DATEN	20 GB DATEN
✓ 99 Freiminuten ✓ 19 Ct./Minute, 9 Ct./SMS ✓ Downloadgeschwindigkeit: 20 Mbit/s	✓ Allnet Flat (in alle deutschen Netze + SMS) ✓ Downloadgeschwindigkeit: 50 Mbit/s	✓ Allnet Flat (in alle deutschen Netze + SMS) ✓ Downloadgeschwindigkeit: 50 Mbit/s
16 € IM MONAT zzgl. 9 € einmaliger Servicegebühr	26 € IM MONAT zzgl. 9 € einmaliger Servicegebühr	34 € IM MONAT zzgl. 9 € einmaliger Servicegebühr

1. Wenn man einen neuen Vertrag abschließt, kann man die alte Telefonnummer behalten: ____________________
2. So lange kann man telefonieren, ohne extra zu bezahlen: ____________________
3. Diesen Preis muss man einmal zahlen, wenn man den Vertrag abschließt: ____________________
4. So schnell werden Daten auf das Handy übertragen: ____________________

2 Lesen Sie die Informationen und ergänzen Sie.

Die persönlichen Daten wie Name, Adresse und Geburtsdatum habe ich schon ausgefüllt. Kannst du mir mit dem Rest helfen? Hier sind meine Kreditkarte und meine Girokarte. Ich bin nicht sicher, wo die Informationen stehen, die du brauchst. Ich möchte eine neue Telefonnummer und brauche keine detaillierte Rechnung.

Vertragsdetails

1. Rufnummermitnahme ◯ Ja ◯ Nein
2. Monatlicher Einzelverbindungsnachweis (EVN) ◯ Ja ◯ Nein

Zahlungsdaten

Bei uns bezahlst du per SEPA-Lastschriftverfahren. Dafür brauchen wir deine Kontodaten.

Kontoinhaber*in

3. Vorname: ____________________ 4. Nachname: ____________________

5. IBAN: ____________________ 6. ◯ Hiermit erteile ich das SEPA-Lastschriftmandat.

TIPP Ein Einzelverbindungsnachweis ist eine Liste mit den einzelnen Anrufen, die Sie gemacht oder bekommen haben.

TIPP Wenn Sie ein SEPA-Lastschriftmandat erteilen, erlauben Sie einer Firma, sich das Geld für die Rechnungen von Ihrem Konto zu holen. Sie können das Lastschriftmandat wieder kündigen, aber dann können Sie Ihren Telefonvertrag normalerweise nicht behalten.

3 E-Mails an einen Telefonanbieter

a Bitte um eine Empfehlung: Schreiben Sie die Relativsätze richtig. Die Unterstreichungen helfen Ihnen.

TIPP Relativsätze sind Nebensätze. Das Verb steht am Ende. Einige Relativsätze beginnen mit Präpositionen.

Betreff: Frage zu Ihrem Angebot

Sehr geehrte Frau Aytekin,

1. auf Ihrer Homepage habe ich einen Tarif gesucht, *der zu mir passt.* ______.
   (Der Tarif passt zu mir.)
2. Leider habe ich kein Paket gefunden, ______.
   (Ich bin mit dem Paket zufrieden.)
3. Ich suche einen Vertrag, ______.
   (Ich habe bei dem Vertrag mindestens 20 GB Daten.)
4. Aber ich brauche die Allnet Flat nicht, ______.
   (Die Allnet Flat ist in dem Paket „Vieltelefonierer*innen" enthalten.)
5. Mit dem Handy, ______, telefoniere ich nicht.
   (Ich brauche für das Handy den Vertrag.)
6. Könnten Sie mir ein Angebot machen, ______?
   (Das Angebot passt zu dieser Beschreibung)

Mit freundlichen Grüßen
Felix Neubauer

b Bitte um eine Vertragsänderung: Schreiben Sie die Sätze richtig.

Betreff: Bitte um Vertragsänderung

1. ______
   den Tarif „Wenigtelefonierer*innen" / zurzeit / habe ich
2. ______
   doch mehr / Aber / ich telefoniere / , / als ich gedacht habe
3. ______
   wechseln / Deshalb / in den Tarif „Gernetelefonierer*innen" / würde ich / gern
4. ______
   ändern / Sie / Könnten / zum nächstmöglichen Zeitpunkt / meinen Vertrag
5. ______
   eine kurze Antwort / mich freuen / Über / würde ich

Mit freundlichen Grüßen
Grace O'Malley

4 Schreiben Sie zwei E-Mails in Ihr Heft.

1. Sie interessieren sich für das Angebot des Handy-Anbieters, aber richtig zufrieden sind Sie mit den Paketen auf der Homepage nicht. Sie möchten eine Allnet-Flat zum Telefonieren, aber Sie brauchen keine mobilen Daten. Sie möchten mit dem Handy nicht ins Internet. Bitten Sie um ein Angebot.

2. Sie haben den Tarif „Vieltelefonierer*innen", brauchen aber nicht so viele Daten und möchten so bald wie möglich in den Tarif „Gernetelefonierer*innen" wechseln.

28 Mit Banken kommunizieren

1 Online ein Konto eröffnen

a Wo steht das? Lesen Sie die Erklärungen A-G und das Formular. Ordnen Sie dann den Zahlen 1-7 die Buchstaben A-G zu. Das Ausfüllen des Formulars kommt erst in der nächsten Aufgabe.

TIPP Wenn Sie ein Konto eröffnen, müssen Sie einige Bestätigungen anklicken. Dafür ist es wichtig, die Angaben zu verstehen.

A Hier sagen Sie, wie Sie der Bank Ihre Identität mitteilen möchten.
B Hier stehen Informationen, die für die Steuern wichtig sind.
C Hier bestätigen Sie, dass die Bank Ihre Daten verarbeiten darf.
D Hier sagen Sie, dass sie den Vertrag, den Sie mit der Bank schließen, gelesen haben und damit einverstanden sind.
E Hier bestätigen Sie, dass Sie mit verschiedenen Regeln und Bedingungen einverstanden sind, die in zusätzlichen Dokumenten stehen. Sie sollten die Bedingungen lesen und verstehen. Die Sprache ist allerdings oft schwierig, deshalb sollten Sie sich Hilfe suchen, wenn Sie wirklich ein Konto eröffnen möchten. Wahrscheinlich können Sie das Konto nur eröffnen, wenn Sie alle Regeln und Bedingungen akzeptieren.
F Hier sagen Sie, dass niemand anderes Ihr Konto benutzt.
G Hier bestätigen Sie, dass die Bank überprüfen darf, ob Sie Schulden haben. Die Bank bekommt diese Informationen von der SCHUFA (Schutzgemeinschaft für allgemeine Kreditsicherung). Dafür muss sie Ihre Daten an die SCHUFA schicken.

Jetzt ein Konto eröffnen

◯ Ich bin bereits Kunde/Kundin. ◯ Ich bin Neukunde/Neukundin.

Anrede: ◯ Herr ◯ Frau ◯ keine Anrede

Vorname(n): ______________________

(Schreiben Sie alle Vornamen so, wie sie auf Ihrem Ausweis stehen.)

Nachname(n): ______________________

(Schreiben Sie Ihren vollständigen Nachnamen so, wie er auf Ihrem Ausweis steht.)

1 ______ ◯ Ich eröffne das Konto für mich selbst und handle im eigenen Namen und auf eigene Rechnung.
2 ______ ◯ Ich stimme der Datenschutzerklärung zu.

Persönliche Daten

Kontaktdaten

3 ______ Steuerliche Angaben:

Haben Sie eine US-amerikanische Staatsangehörigkeit?	◯ Ja.	◯ Nein.
Sind Sie in den USA steuerlich ansässig?	◯ Ja.	◯ Nein.
Sind Sie in einem anderen Land steuerlich ansässig?	◯ Ja.	◯ Nein.

TIPP *steuerlich ansässig* bedeutet, dass man in einem anderen Land Steuern zahlen muss, wenn man z. B. dort geboren ist, dort wohnt oder einen Ehepartner/eine Ehepartnerin dort hat.

Wählen Sie Ihre Kreditkarte aus.

◯ MasterCard Classic® ◯ MasterCard Gold® ◯ Visa BasicCard® ◯ keine Kreditkarte

4 ______ ◯ Ich bestätige, dass ich die Vertragsbedingungen gelesen und verstanden habe, und akzeptiere sie.

5 ______ ◯ Ich akzeptiere folgende Bedingungen:
AGB
Vereinbarung zum Einlagenentgelt
Konditionen sowie das Preis- und Leistungsverzeichnis
Informationen für den Einleger
Hinweis zu den Mindestanforderungen an die Sicherheit von Internetzahlungen
Vorvertragliche Informationen Girokonto
Entgeltinformationen
Ich bestätige, dass ich im eigenen wirtschaftlichen Interesse und nicht auf fremde Veranlassung handle.

6 ______ ◯ Ich stimme der Datenübermittlung an die SCHUFA zu.

7 ______ Identifizierungsverfahren wählen
◯ Online-Ausweisfunktion (Online mit Personalausweis und PIN)
◯ Postfiliale (Vor Ort in einer Postfiliale)
◯ Videochat (Online per Videochat, jeden Tag zwischen 9 und 21 Uhr)

TIPP Zur Identifizierung in der Postfiliale müssen Sie einen Coupon herunterladen und diesen zusammen mit Ihrem Ausweis oder Reisepass zur Post mitbringen.

b Lesen Sie die Informationen und kreuzen Sie im Formular in Aufgabe a an. Wie viele Kreuze haben Sie gesetzt? Notieren Sie.

Sie eröffnen zum ersten Mal ein Konto bei dieser Bank und möchten das Konto allein nutzen. Sie leben in Deutschland und müssen in keinem anderen Land Steuern zahlen. Sie möchten eine MasterCardClassic® haben. Um der Bank Ihre Identität mitzuteilen, möchten Sie die Online-Funktion Ihres Ausweises nutzen. Verwenden Sie Ihren eigenen Namen.

Zahl der Kreuze im Dokument: ______

2 Eine Nachricht an die Bank

a Schreiben Sie die Sätze richtig.

Betreff: Verlust meiner Girokarte

Sehr geehrte Damen und Herren,

1. nicht mehr / leider / finde / meine Girokarte / ich

____

2. die Karte sperren / Sie / Könnten / eine neue Karte mit PIN / und mir / zusenden

____?

Mit freundlichen Grüßen
Henning Spät

b Lesen Sie die Informationen und schreiben Sie zwei E-Mails in Ihr Heft.

1. Sie haben Ihre Zugangsdaten für das Online-Banking vergessen. Sie möchten neue Zugangsdaten haben.

2. Sie haben Ihre PIN dreimal falsch eingegeben. Jetzt möchten Sie wissen, was Sie machen sollen.

29 Mit Versicherungen kommunizieren

1 Online eine Haftpflichtversicherung abschließen

a Wo steht das? Lesen Sie die Erklärungen A-H und das Formular. Ordnen Sie dann den Zahlen 1-8 die Buchstaben A-H zu. Das Ausfüllen des Formulars kommt erst in der nächsten Aufgabe.

TIPP Eine Haftpflichtversicherung ist eine Versicherung, die für Sie bezahlt, wenn Sie bei anderen Leuten etwas kaputtmachen, wenn also anderen Leuten durch Sie ein Schaden entsteht.

A Hier können Sie angeben, wenn Sie in einem bestimmten Bereich arbeiten. Dadurch kann die Versicherung günstiger werden.
B Hier geben Sie an, ab wann Sie die Versicherung haben möchten.
C Hier geben Sie an, wie viel Geld Sie selbst bezahlen möchten, wenn ein Schaden entsteht. Die Versicherung wird günstiger, wenn Sie mehr bezahlen.
D Hier wählen Sie aus: Möchten Sie eine günstigere Versicherung, die Sie etwas weniger absichert, oder eine teurere Versicherung, die Sie auch absichert, wenn ein sehr großer Schaden entsteht?
E Hier geben Sie an, ob Sie in letzter Zeit schon einmal etwas kaputtgemacht haben.
F Hier geben Sie an, ob Sie in letzter Zeit eine Versicherung bei dem Unternehmen hatten.
G Hier wählen Sie aus, wie lange Sie die Versicherung haben möchten.
H Hier wählen Sie aus, ob Sie den Betrag auf einmal oder in mehreren Teilen bezahlen möchten.

○ Private Haftpflichtversicherung ○ Hunde-Haftpflicht ○ Kfz-Haftpflicht

Beitrag berechnen

Wen möchten Sie versichern? ○ mich selbst ○ mich selbst und meine Familie

---

1 ______

Unser Angebot: Grundabsicherung –
5,35 € monatlich
- Versicherungssumme für Schäden bis 5 Mio. €
- Weltweiter Versicherungsschutz für max. 3 Jahre

Anpassen und abschließen

Unsere Empfehlung: Erweiterte Absicherung –
7, 53 € monatlich
- Versicherungssumme für Schäden bis 20 Mio. €
- Weltweiter Versicherungsschutz für max. 5 Jahre

Anpassen und abschließen

Tarif anpassen:
2 ______ Gewünschte Selbstbeteiligung ○ keine ○ 150 Euro ○ 250 Euro
3 ______ Tarifgruppe: ○ Normal ○ Mitarbeiter einer Versicherung ○ Mitarbeiter der GVC Bank
4 ______ Gewünschter Versicherungsbeginn: ______________________
5 ______ Gewünschte Versicherungsdauer: ○ 1 Jahr ○ 3 Jahre ○ 5 Jahre
6 ______ Gewünschte Zahlungsweise: ○ jährlich ○ halbjährlich ○ vierteljährlich ○ monatlich
7 ______ Vorversicherungen: Sind Sie in den letzten drei Jahren bei uns versichert gewesen? ○ ja ○ nein
8 ______ Vorschäden: Sind in den letzten drei Jahren Schäden eingetreten?
○ nein ○ bis zu 3 Vorschäden ○ mehr als 3 Vorschäden

Persönliche Daten und Kontaktdaten

b Füllen Sie das Formular für sich selbst aus.

2 Eine E-Mail an die Versicherung schreiben

a Adressänderung: Ordnen Sie die Satzteile zu.

[Über eine kurze Bestätigung • hiermit möchte ich Ihnen mitteilen • Meine neue Adresse lautet:]

Betreff: Adressänderung, Mitgliedsnummer 100038

Sehr geehrte Damen und Herren,

_______________ (1), dass ich umgezogen bin.
_______________ (2) Storchenweg 12, 20097 Hamburg.
_______________ (3) würde ich mich freuen.

Mit freundlichen Grüßen
Uwe Hansen

b Einen Schadensfall melden: Ordnen Sie die Sätze zu.

[Der Schaden ist folgendermaßen entstanden: • hiermit möchte ich einen Schaden melden. • Im Anhang sende ich Ihnen ein Foto von dem entstandenen Schaden. • Geben Sie mir bitte Bescheid, wie wir weiter vorgehen sollen.]

Betreff: Schadensfallmeldung, Hundehaftpflicht, Mitgliedsnummer 8463354

Sehr geehrte Damen und Herren,

_______________ (1)
Es geht um einen Sessel im Wert von etwa 300 Euro.
_______________ (2) Mein Mann und ich haben mit unserem Hund Lumpi in einem Hotel übernachtet. Zum Frühstück sind wir dann hinuntergegangen und haben Lumpi im Zimmer gelassen. Als wir nach einer halben Stunde zurückgekommen sind, hatte Lumpi den Sessel in unserem Zimmer zerstört.
Ich würde Sie bitten, den Schaden zu übernehmen.
_______________ (3)
Ich würde auch gern wissen, ob Sie die Summe direkt an das Hotel überweisen oder an uns.
____
_______________ (4)

Mit freundlichen Grüßen
Gloria Fernandez

3 Lesen Sie die Informationen und schreiben Sie zwei E-Mails in Ihr Heft. Die Sätze in 2 a und b helfen Ihnen.

1. Lisa Prien hat eine neue Telefonnummer (04857/3410) und möchte sie der Versicherung mitteilen.

2. Bei Luca Vitale ist die Waschmaschine ausgelaufen. Dabei ist Wasser in die Wohnung darunter gekommen. Luca Vitale möchte, dass die Versicherung den Schaden übernimmt. Aber er weiß nicht, wie hoch der Schaden ist. Er möchte wissen, was er als Nächstes tun soll. Die nassen Stellen in der anderen Wohnung hat er fotografiert.

30 Mit Handwerksbetrieben kommunizieren

1 Die Anfrage: Ordnen Sie zu.

TIPP Bei einem Kostenvoranschlag schätzt ein Unternehmen, wie viel eine bestimmte Arbeit etwa kosten wird.

[Reparatur • Kostenvoranschlag • Anhang • Türsprechanlage]

Betreff: Reparatur einer Türsprechanlage – Bitte um Kostenvoranschlag

Sehr geehrte Damen und Herren,

meine ______________________________ (1) ist kaputt. Ich kann die Tür nicht mehr öffnen und nicht mehr mit Personen sprechen, die bei mir klingeln. Könnten Sie mir einen ______________________________ (2) für die ______________________________ (3) machen?
Meine Vermieterin ist zurzeit im Urlaub. Deshalb hat sie mich gebeten, mich um die Reparatur zu kümmern. Die Rechnung geht aber an sie.
Im ______________________________ (4) sende ich Ihnen ein Foto der Anlage.

Mit freundlichen Grüßen
In Keung

2 Lesen Sie das Angebot und die Antwort und ordnen Sie die Wörter aus dem Kasten zu.

Betreff: Re: Reparatur einer Türsprechanlage – Bitte um Kostenvoranschlag

Sehr geehrte Frau Keung,

wenn wir Ihre Türsprechanlage reparieren können, rechnen wir mit einer Arbeitsstunde plus Anfahrt, also zwischen 80 und 100 Euro. Möglicherweise müssen wir das Gerät aber austauschen. Die Arbeitszeit wäre ähnlich. Die Kosten für das neue Gerät würden dazukommen. Möchten Sie in diesem Fall noch einmal dasselbe Modell? Dieses würde ca. 120 Euro kosten.

Mit freundlichen Grüßen
Gert Heubeck

[Kosten • Termin • Bestätigung • Angebot • Anlage]

Sehr geehrter Herr Heubeck,

vielen Dank für das ______________________________ (1). Falls die ______________________________ (2) nicht repariert werden kann, hätte ich gern noch einmal ein ähnliches Modell.
Die ______________________________ (3) übernimmt meine Vermieterin. In einer weiteren E-Mail leite ich Ihnen ihre ______________________________ (4) weiter.
Wann hätten Sie einen ______________________________ (5) frei? Ich habe täglich ab 16 Uhr Zeit.

Mit freundlichen Grüßen
In Keung

3 Lesen Sie die Auftragsbestätigung und ergänzen Sie die Terminbestätigung. Sehen Sie sich dazu den ersten Satz der Auftragsbestätigung an.

Betreff: Auftragsbestätigung Reparatur Türsprechanlage und Terminangebot

Sehr geehrte Frau Keung,

vielen Dank für Ihren Auftrag, den wir hiermit gern bestätigen.
Ich kann Ihnen einen Termin am Freitag um 17 Uhr anbieten.
Bitte bestätigen Sie den Termin kurz.

Mit freundlichen Grüßen
Gert Heubeck

Betreff: Re: Auftragsbestätigung Reparatur Türsprechanlage und Terminangebot

______________________ (1),

______________________ (2) für den Termin, ______________________ (3) bestätige.

______________________ (4)
In Keung

4 Lesen Sie die Situation und schreiben Sie eine Anfrage an einen Handwerksbetrieb in Ihr Heft. Die Sätze aus Aufgabe 1 helfen Ihnen.

Sie möchten den Wasserhahn in ihrem Bad reparieren lassen.
Beschreiben Sie, was genau kaputt ist. (tropft, lässt sich nicht mehr ganz schließen)
Bitten Sie um einen Kostenvoranschlag.
Schreiben Sie, dass Sie ein Foto mitschicken.

5 Lesen Sie das Angebot und die Informationen. Schreiben Sie dann die Antwort in Ihr Heft. Die Sätze aus Aufgabe 2 helfen Ihnen.

vielen Dank für Ihre Anfrage. Wir rechnen mit einer Arbeitsstunde plus Anfahrt, also etwa 80 Euro.
Dazu kommt das Material: Unser Standardwasserhahn kostet 24,90 €. Teilen Sie uns bitte mit, wenn Sie ein anderes Modell wünschen. Wir können es dann für Sie bestellen.

Mit freundlichen Grüßen
Simone Bacchi

Sie bestellen den Standardwasserhahn. Ihr Vermieter übernimmt die Kosten. Er hat Sie aber gebeten, die Firma zu kontaktieren, damit Sie gleich einen Termin vereinbaren können.
Bitten Sie um einen Terminvorschlag.

31 Falsche Rechnungen

1 Wenn die Rechnung nicht stimmt: Welche Sätze passen zu einer Beschwerde?

◯ 1. Ich glaube, ich habe einen Fehler gemacht, denn …

◯ 2. Da muss ein Fehler vorliegen.

◯ 3. Könnten Sie mir die Rechnung zuschicken?

◯ 4. Das kann nicht stimmen, denn …

◯ 5. Ich würde Sie bitten, die Rechnung noch einmal zu überprüfen.

◯ 6. Würden Sie die Berechnung noch einmal überprüfen?

◯ 7. Bitte bestätigen Sie die Angaben.

2 Eine Beschwerde schreiben: Lesen Sie die Stromrechnung und die Informationen und ergänzen Sie die E-Mail. Sehen Sie sich auch die Sätze in Aufgabe 1 noch einmal an.

Rechnungsbetrag:	1.725 €
Bereits bezahlte Beiträge:	525 €
Nachzahlung:	1.200 €
Monatliche Zahlung ab 1.2.20..	150€

Was? 1.200 Euro Nachzahlung für unseren Strom? Das kann doch nicht sein! Letztes Jahr habe ich sogar noch Geld zurückbekommen. Und dieses Jahr habe ich nicht mehr Strom verbraucht als letztes Jahr. Das muss ein Fehler sein.

Betreff: Ihre Stromrechnung vom 30.11.20.., Rg. Nr. 756438

Sehr geehrte Damen und Herren,

auf meiner Rechnung Nr. 756438 berechnen Sie eine ______________________ (1) von 1.200 €.
Das kann nicht ______________ (2), denn ich habe nicht mehr Strom verbraucht als im letzten Jahr.
Ich ______________________________ (3),
die Rechnung noch einmal zu ______________________ (4).
Im ______________ (5) sende ich Ihnen
ein Foto von meinem aktuellen Zählerstand.

Mit freundlichen Grüßen
Mats Högsdal

3 Was für eine Rechnung ist das? Ordnen Sie zu.

1. ____ In meinem Mobilfunkvertrag habe ich eine Allnet Flat für Telefonate und SMS. Trotzdem haben Sie Telefonate im Inland berechnet.

2. ____ Der Verbrauch, den Sie mir berechnen, kann nicht stimmen. Ich habe die Nummer des Gaszählers überprüft und festgestellt, dass sie nicht stimmt.

3. ____ Sie haben eine Arbeitszeit von fünf Stunden berechnet. Ihr Kollege hat jedoch nur etwa zwei Stunden gebraucht, um die Waschmaschine zu reparieren.

4. ____ Unter „Sonstige Kosten" haben Sie die Kosten für einen Internetanschluss angegeben. Im Mietvertrag sind diese Kosten aber nicht angegeben. Außerdem nutze ich den Anschluss nicht.

5. ____ Sie haben die Beiträge für das ganze Jahr berechnet. Ich hatte die Haftpflichtversicherung aber zum Oktober gekündigt. Damit wurden drei Monate zu viel berechnet.

a) die Gasrechnung

b) die Rechnung eines Handwerksbetriebs

c) die Telefonrechnung

d) die Rechnung einer Versicherung

e) die Nebenkostenabrechnung des Vermieters oder der Vermieterin

4 Lesen Sie die Rechnungen und die Informationen und schreiben Sie je eine Beschwerde in Ihr Heft. Die Sätze aus 2 und 3 helfen Ihnen.

1. Sie haben folgende Gasrechnung bekommen. Sie überprüfen den Zählerstand und sehen, dass er nicht stimmt.

Rechnungsnummer: F_647589_13.02.2022_G
Abrechungszeitraum: 14.03.2021 – 05.02.2022
Tage: 329
Zählerstand in m³ alt: 3.684
Zählerstand in m³ neu: 5.285
Gesamtverbrauch in m³: 1601

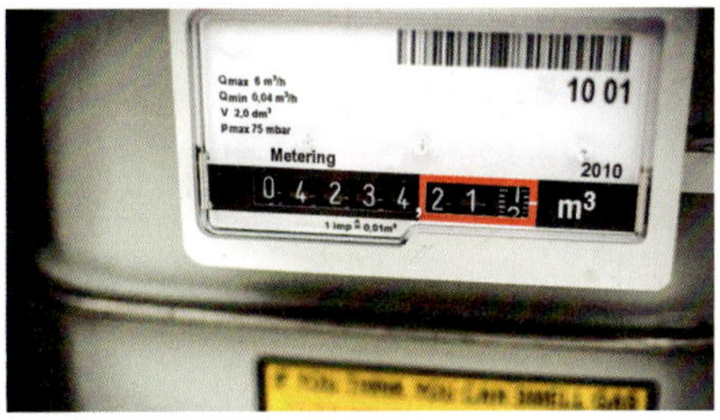

2. Sie haben folgende Rechnung eines Handwerksbetriebs bekommen. Sie haben aber nur ein Waschbecken einbauen lassen. Die Arbeitszeit stimmt trotzdem.

RECHNUNG

Gemäß Absprache wurden zwei Waschbecken ausgebaut und zwei neue installiert.

Position	Menge	Bezeichnung	Preis
0001	2,5	Stunden Arbeitszeit	132,00
0002	1x	Anfahrt	13,10
0003	2x	Waschbecken „Florenz", 60 cm, weiß à 66,95€	133,90
		Gesamtbetrag Netto	279,00
		+ 19% Mehrwertsteuer	53,01
		Gesamtbetrag	**332,01**

Wir bitten um Überweisung des Gesamtbetrags innerhalb von 10 Tagen ohne Abzug.

32 Behördensprache

1 Welche Ausdrücke haben eine ähnliche Bedeutung? Ordnen Sie zu.

1. ____ einen Antrag auf etwas stellen
2. ____ Widerspruch einlegen
3. ____ Anzeige erstatten
4. ____ ein Dokument ausstellen
5. ____ eine Frist wahren
6. ____ seinen Lebensunterhalt bestreiten
7. ____ etwas beabsichtigen

a) jemanden bei der Polizei anzeigen; bei der Polizei angeben, dass jemand etwas Kriminelles getan hat
b) das Geld verdienen, das man zum Leben braucht
c) etwas beantragen
d) der Entscheidung einer Behörde widersprechen; schreiben, dass man mit der Entscheidung nicht einverstanden ist
e) etwas rechtzeitig machen, bevor eine Frist vorbei ist
f) die Absicht haben, etwas zu tun; etwas tun wollen
g) ein Dokument mit den Daten einer bestimmten Person ergänzen und dieser Person geben

2 Wer macht das? Kreuzen Sie an. Ein Verb passt für beide Seiten.

	die Antragstellerin / der Antragsteller	**die Behörde**
1. einen Antrag stellen	○	○
2. ein Formular ausfüllen	○	○
3. einen Bescheid zusenden	○	○
4. eine Bescheinigung ausstellen	○	○
5. Angaben zum Wohnraum oder zum Lebensunterhalt machen	○	○
6. bestätigen, dass man seine Angaben nach bestem Wissen und Gewissen gemacht hat	○	○
7. um Angaben zum Einkommen bitten	○	○
8. Dokumente nachreichen	○	○

TIPP *Nach bestem Wissen und Gewissen* bedeutet, dass man alles so angibt, wie man es für richtig hält, und nicht lügt.

3 Ergänzen Sie die Verben aus 1 und 2 in der richtigen Form.

Sehr geehrte Damen und Herren,

hiermit ____________________________ (1) ich einen Zuschuss zu den Fahrtkosten, die mir durch den Besuch meines Deutschkurses entstehen.

Sehr geehrte Damen und Herren,

am 28.09. habe ich bei Ihnen Anzeige gegen eine unbekannte Person ____________________________ (2). Seitdem habe ich keine Nachricht von Ihnen bekommen und würde gern fragen …

Sehr geehrte Damen und Herren

in der Aufenthaltserlaubnis, die Sie mir am 02.05. ____________________________ (3) haben, ist mein Nachname falsch geschrieben. Der richtige Name lautet …

Sehr geehrte Damen und Herren,

gegen Ihren Bescheid vom 13.04.20.. ____________________ ich hiermit Widerspruch ______________ (4).

4 Lange Wörter

a Lange Wörter verstehen: Was ist das? Lesen Sie die Wörter und kreuzen Sie an.

TIPP Bei langen Wörtern ist meistens der hintere Teil des Wortes der wichtigste: Das Asylbewerberleistungs<u>gesetz</u> ist ein Gesetz. Der vordere Teil des Wortes beschreibt dieses Gesetz genauer.

	eine Person	ein Gesetz	Geld	ein Dokument
1. das Bundesdatenschutzgesetz	○	○	○	○
2. ein Haushaltsmitglied	○	○	○	○
3. Sozialversicherungsbeiträge	○	○	○	○
4. ein Fahrtkostenzuschuss	○	○	○	○
5. ein Weiterleistungsantrag	○	○	○	○
6. eine Familienangehörige	○	○	○	○
7. ein Antragsformular	○	○	○	○
8. ein Sanktionsbescheid	○	○	○	○
9. der Versicherungsbeitrag	○	○	○	○

b Welches Wort passt? Ordnen Sie zu. Lesen Sie den Tipp und markieren Sie die Teile der langen Wörter, die Sie kennen, mit verschiedenen Farben.

TIPP Manchmal schreibt man Wörter aus Dokumenten von Behörden einfach ab – entweder, weil man es in einem Text verwenden möchte, oder weil man es lernen möchte. Schreiben Sie aber nicht Buchstabe für Buchstabe, sondern in den Wortteilen, die Sie verstehen. So können Sie sich das Wort und seine Schreibweise besser merken.

Weiterleistungsantrag • Ehegattennachzug • Aufenthaltszweck • Erwerbstätigkeit • Niederlassungserlaubnis

1. Sie möchten, dass Ihr Ehemann oder Ihre Ehefrau zu Ihnen nach Deutschland ziehen kann. Sie stellen einen Antrag auf ______________________.
2. Sie möchten die Erlaubnis bekommen, dass Sie sich in Deutschland niederlassen, also hier wohnen dürfen. Sie beantragen eine ______________________.
3. Sie bekommen noch bis zum 17.09. Wohngeld. Sie möchten diese Leistung (das Wohngeld) danach weiter bekommen und stellen einen ______________________.
4. Sie sollen nachweisen, durch welche Tätigkeit Sie Geld verdienen (erwerben), und schicken im Anhang einen Nachweis über Ihre ______________________ mit.
5. In einem Dokument sollen Sie den Grund oder Zweck angeben, warum Sie sich in Deutschland aufhalten. Sie müssen dort den ______________________ angeben.

c Alternativen zu langen Wörtern: Ergänzen Sie die Präpositionen und/oder Artikel.

TIPP Viele lange Wörter kann man aufteilen, damit sie einfacher werden. Dann braucht man oft eine Präposition oder den Genitiv. Denken Sie daran, dass die Präposition und der Artikel oft zu einem Wort werden, z. B. in dem = im.

1. der Kindergeldantrag: der Antrag __________ Kindergeld
2. die Sozialversicherungsbeiträge: die Beiträge __________ Sozialversicherung
3. der Familiennachzug: der Nachzug __________ Familie
4. der Sanktionsbescheid: der Bescheid __________ eine Sanktion
5. der Mietzuschuss: der Zuschuss __________ Miete

33 Eine Aufenthaltserlaubnis beantragen

1 Einen Antrag ausfüllen

a Lesen Sie die Informationen und füllen Sie das Formular aus.

Entschuldigung, könnten Sie mir helfen? Anele Nkosi ist mein Name. Ich möchte eine Aufenthaltserlaubnis beantragen. Bisher habe ich nur ein Visum als Aufenthaltstitel. Dieses habe ich für meine Arbeit als Ingenieur hier in Berlin bekommen. Aber das Visum läuft bald ab, und ich möchte weiter bei meiner Firma arbeiten. Ich bin seit dem 25.03.20.. in Deutschland und verdiene mein Geld selbst. Ich bekomme keine Unterstützung vom Staat oder von meiner Familie.

Ich bin volljährig und möchte einen Aufenthaltstitel für Deutschland beantragen.

1. ◯ Hiermit stimme ich den Hinweisen zum Datenschutz zu.
2. ◯ Hiermit bestätige ich, dass ich die Hinweise zum Aufenthaltsgesetz gelesen habe. Ich versichere, dass ich die folgenden Angaben nach bestem Wissen und Gewissen mache.
3. Ich stelle den Antrag ◯ für mich selbst. ◯ für eine andere Person.

Aufenthaltstitel

4. Ist ein für Deutschland ausgestellter Aufenthaltstitel vorhanden? ◯ ja ◯ nein
5. Datum der letzten Einreise: ____________________
6. Vorhandener Aufenthaltstitel:
   ◯ Visum ◯ Aufenthaltserlaubnis ◯ Niederlassungserlaubnis ◯ Blaue Karte ◯ ICT-Karte
   ◯ Mobile ICT-Karte ◯ Erlaubnis zum Daueraufenthalt EU
7. Bisheriger Aufenthaltszweck: ◯ Familiennachzug ◯ Erwerbstätigkeit ◯ Ausbildung oder Studium
   ◯ humanitäre, politische oder völkerrechtliche Gründe
8. Welcher Aufenthaltszweck ist zukünftig beabsichtigt? ◯ Familiennachzug ◯ Erwerbstätigkeit
   ◯ Ausbildung oder Studium ◯ humanitäre, politische oder völkerrechtliche Gründe
9. Gewünschter Aufenthaltstitel: ◯ Visum ◯ Aufenthaltserlaubnis ◯ Niederlassungserlaubnis
   ◯ Blaue Karte ◯ ICT-Karte ◯ Mobile ICT-Karte ◯ Erlaubnis zum Daueraufenthalt EU

Einkommen

Wie bestreiten Sie aktuell Ihren Lebensunterhalt?

10. Einkommen aus eigener Erwerbstätigkeit/Beruf: ◯ ja ◯ nein
11. Sozialhilfe/Grundsicherung ◯ ja ◯ nein
12. Rente ◯ ja ◯ nein
13. Familienangehörige finanzieren den Lebensunterhalt: ◯ ja ◯ nein
14. Finanzierung des Lebensunterhalts auf andere Weise: ◯ ja ◯ nein
15. Art der Erwerbstätigkeit/Beruf: ____________________

Unterlagen übermitteln

Bitte senden Sie uns Ihre Dokumente.

Lichtbildseite aus Pass oder Identitätsdokument — Datei zum Hochladen auswählen

Vorhandener Aufenthaltstitel — Datei zum Hochladen auswählen

b Welche Dokumente muss Anele Nkosi am Ende hochladen? Kreuzen Sie an.

◯ 1. die Geburtsurkunde ◯ 2. die Seite vom Pass, auf der das Foto ist

◯ 3. das Visum ◯ 4. den Führerschein

34 Einen formlosen Antrag auf Auskunft stellen

TIPP Ein formloser Antrag ist ein Antrag, für den man kein Formular ausfüllt. Stattdessen schreibt man eine E-Mail oder einen Brief. Oft hilft es, dafür Beispiele zu lesen und als Vorlage zu benutzen. So weiß man, welche Informationen wichtig sind.

1 Lesen Sie den Antrag und ergänzen Sie.

[Kopie • Antrag • Speicherung • Daten • Auskunft • Empfänger]

________________ (1) auf Auskunft nach § 34 Bundesdatenschutzgesetz

Sehr geehrte Damen und Herren,

hiermit bitte ich nach § 34 Bundesdatenschutzgesetz um eine kostenlose ________________ (2) zu folgenden Punkten:

- alle ________________ (3), die die SCHUFA zu meiner Person gespeichert hat
- die Herkunft dieser Daten
- den Zweck der ________________ (4)
- wenn meine Daten an Dritte weitergegeben wurden: alle ________________ (5) (Unternehmen und Personen), die meine Daten bekommen haben
- meine aktuellen Wahrscheinlichkeitswerte (Score-Werte)

Bitte senden Sie mir die Auskunft bis zum 31.06. schriftlich zu.

Im Anhang sende ich Ihnen eine ________________ (6) meines Ausweises.

Mit freundlichen Grüßen

TIPP Die Schufa (Schutzgemeinschaft für allgemeine Kreditsicherung) ist ein Unternehmen, das für jede Person Informationen speichert, die mit der Bezahlung von Rechnungen und mit Schulden zu tun haben. Daraus wird eine Art Note berechnet, die zeigt, wie zuverlässig die Person in Finanzfragen ist. Das ist der so genannte Score-Wert. Er kann darüber entscheiden, ob man zum Beispiel einen Kredit, einen Mietvertrag oder einen Handyvertrag bekommt. Einmal im Jahr können Sie die Schufa auffordern, Ihnen diese Daten kostenlos zu schicken. Schreiben Sie aber auf jeden Fall, dass Sie eine *kostenlose* Auskunft wollen. Es gibt auch Auskunftsangebote, die man bezahlen muss. Als Frist gibt man zwei bis vier Wochen an.

2 Lesen Sie die Informationen und schreiben Sie einen formlosen Antrag auf Dateneinsicht in Ihr Heft.

TIPP Viele Unternehmen speichern persönliche Daten, zum Beispiel soziale Netzwerke oder Suchmaschinen. Diese Daten können Sie sich einmal im Jahr kostenlos zuschicken lassen. Das passende Gesetz heißt Datenschutz-Grundverordnung (DGSVO).

Schreiben Sie einem Unternehmen, von dem Sie glauben, dass es Ihre Daten speichert, und fordern Sie eine kostenlose Auskunft an.

35 Dokumente nachreichen

1 Lesen Sie die E-Mail zu Anele Nkosis Antrag auf S. 80 und schreiben Sie eine Antwort.

Sehr geehrter Herr Nkosi,

zur Bearbeitung Ihres Antrags benötige ich noch folgende Unterlagen:
- Ihren aktuellen Aufenthaltstitel
- Ihre Arbeitserlaubnis
- eine Kopie Ihres Ausweisdokuments aus Ihrem Heimatland.

Bitte senden Sie mir die Dokumente bis zum 08.04.20.. zu.

Mit freundlichen Grüßen
Martin Olivier

Sehr geehrter Herr Olivier,

1. ______________________________
   sende ich / meiner Aufenthaltserlaubnis und meines Passes / im Anhang / Ihnen / einen Scan /
2. ______________________________
   ich / beantragt / Die neue Arbeitserlaubnis / habe
3. ______________________________
   ausgestellt / Sie wurde / aber / noch nicht
4. ______________________________
   reiche / Sobald ich sie habe, / sie nach / ich
5. ______________________________
   sie / in etwa zwei Wochen / dass ich / bekomme / Ich rechne damit,

Mit freundlichen Grüßen
Anele Nkosi

2 Lesen Sie die E-Mail und die Informationen und schreiben Sie die Antwort in Ihr Heft.

zur Bearbeitung Ihres Antrags auf Wohngeld benötige ich noch folgende Unterlagen:
- Ihren Mietvertrag
- den Bescheid über Leistungen nach dem ALG I (Arbeitslosengeld) Ihrer Ehefrau

Bitte senden Sie mir die Dokumente bis zum 03.12.20.. zu.

Mit freundlichen Grüßen
Anita Rüdiger

1. Am 29.11.20.. schreiben Sie: Den Mietvertrag haben Sie gescannt. Der Bescheid für das Arbeitslosengeld Ihrer Frau kommt wahrscheinlich nächste Woche. Dann reichen Sie ihn nach.
2. Am 03.12.20.. schreiben Sie dann: Ihren Mietvertrag haben Sie Frau Rüdiger bereits am 29.11.20.. geschickt. Bitten Sie sie, das zu überprüfen. Den Bescheid für das Arbeitslosengeld Ihrer Frau haben Sie gescannt.

36 Nachfragen

1 Schreiben Sie die Sätze richtig.

Betreff: Mein Antrag auf Ehegattennachzug vom 31.07.20..

Sehr geehrte Damen und Herren,

1. ____

einen Antrag auf Ehegattennachzug aus dem Ausland / am 31.07.20.. / gestellt / habe ich

2. ____

meines Ehemannes Tarek Saeed / um den Nachzug / Es ging dabei

3. ____

keine Antwort / bekommen / von Ihnen / Bisher / habe ich

4. ____

Bescheid geben, / und mir zeitnah / Könnten Sie / ob mein Antrag bearbeitet wird?/ den Vorgang prüfen

Mit freundlichen Grüßen
Leyla Saeed

TIPP Wenn Sie Informationen zu einem Antrag haben möchten, den Sie gestellt haben, geben Sie immer das Datum und die Art des Antrags an und beschreiben Sie kurz, worum es geht.

2 Lesen Sie die Informationen und schreiben Sie die E-Mails in Ihr Heft.

1. Sie haben vor einem Monat einen Antrag auf Kindergeld für ihre Töchter Mercedes und Esperanza Delgado gestellt. Bisher haben Sie keine Antwort bekommen und möchten daher nachfragen. Den Namen Ihres Ansprechpartners oder Ihrer Ansprechpartnerin kennen Sie nicht.

2. 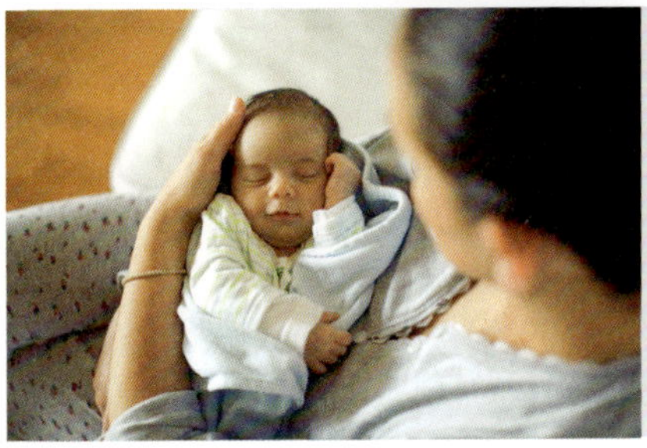

Sie haben vor zwei Monaten einen Antrag auf Elterngeld für ihren Sohn Christos Galanis gestellt. Die Geburtsbescheinigung haben Sie vor sechs Wochen nachgereicht. Bisher haben Sie keine Antwort bekommen und möchten daher nachfragen. Ihr Ansprechpartner heiß Sebastian Nguyen.

TIPP Kindergeld können Eltern beantragen, wenn ihr Kind bei ihnen lebt. Der Betrag ist für alle Eltern gleich hoch und wird jeden Monat ausgezahlt, bis das Kind 18 oder sogar älter ist. Elterngeld können nur Eltern beantragen, die wegen der Geburt eines Kindes zeitweise nicht arbeiten. Es wird höchstens zwei Jahre lang ausgezahlt.

37 Widerspruch einlegen

1 Lesen Sie den Brief und die E-Mail. Ergänzen Sie in der E-Mail dann die Wörter und das Datum.

Stuttgart, 13.05.20..

Sanktionsbescheid

Sehr geehrter Herr Heinrich,

hiermit teilen wir Ihnen mit, dass Ihre Leistungen nach dem ALGII (Arbeitslosengeld) für drei Monate um 30% gekürzt werden.
Begründung: Sie haben ein zumutbares Arbeitsangebot nicht angenommen. Konkret geht es dabei um die Stelle als Mitarbeiter im Schlachthof Stuttgart.
Gegen diesen Bescheid können Sie innerhalb eines Monats Widerspruch einlegen.

Mit freundlichen Grüßen
Jobcenter Stuttgart

TIPP Die Wörter *ein zumutbares Arbeitsangebot* bedeuten, dass man von dem Antragsteller verlangen kann, das Angebot anzunehmen. Sie werden häufig in Briefen vom Jobcenter verwendet.

[Lage • Widerspruch • Aufhebung • Arbeitsangebot • Auszahlung • Sanktionsbescheid • 13.05.20..]

Sehr geehrte Damen und Herren,

hiermit lege ich fristgerecht Widerspruch gegen Ihren ______________________ (1) vom ______________________ (2) ein.
Meinen ______________________ (3) begründe ich wie folgt: Das ______________________ (4) als Mitarbeiter in einem Schlachthof ist für mich nicht zumutbar. Ich bin seelisch nicht in der ______________________ (5), diese Arbeit zu machen.
Ich bitte daher um ______________________ (6) des Bescheids und um sofortige ______________________ (7) der ungekürzten Leistungen.

Mit freundlichen Grüßen
(Vorname Nachname)

TIPP Einen Widerspruch können Sie formlos einlegen. Sie sollten dabei klar schreiben, dass es ein Widerspruch ist und gegen welchen Bescheid er sich richtet. Außerdem sollten Sie ihn begründen.

2 Lesen Sie die E-Mail und die Situation und schreiben Sie einen Widerspruch in Ihr Heft.

02.08.20..

Sanktionsbescheid

Sehr geehrte Frau Xing,

hiermit teilen wir Ihnen mit, dass wir Ihre Leistungen nach dem ALGII für drei Monate um 10% kürzen werden.
Begründung: Sie sind zu dem angebotenen Termin am 25.07.20.. nicht erschienen.
Gegen diesen Bescheid können Sie innerhalb eines Monats Widerspruch einlegen.

Mit freundlichen Grüßen
Jobcenter Hamburg

Rui Xing ist zu dem Termin nicht erschienen, weil sie gleichzeitig einen Arzttermin hatte. Das hat sie dem Jobcenter am 24.07. mitgeteilt.

38 Anzeige erstatten

1 Was passt? Ordnen Sie zu.

1. _____ der Tatort
2. _____ die Tatzeit
3. _____ der Sachverhalt
4. _____ der / die Geschädigte
5. _____ der Zeuge / die Zeugin
6. _____ der Täter / die Täterin

a) Was ist passiert?
b) Wer hat etwas gesehen?
c) Wo ist es passiert?
d) Wer hat es getan?
e) Wann ist es passiert?
f) Wer hat durch die Tat einen Schaden erlitten?

2 Lesen Sie den Dialog und ergänzen Sie.

Hey! Finger weg! Das ist mein Fahrrad! Bleiben Sie hier! Nicht wegfahren!
Oh wie ärgerlich! Direkt vor meiner Haustür!
Wie komme ich denn jetzt zur Arbeit? Es ist schon 7:15 Uhr!

Hallo? Ich habe gesehen, was passiert ist. Wollen Sie meinen Namen für die Polizei aufschreiben? Ich bin Sandra Nowotny und wohne gleich nebenan, in der Reichertstraße 5. Sie wohnen in der 7 richtig?

Ja, richtig. Vielen Dank, Frau Nowotny, ich schreibe mir Ihren Namen gleich auf. Und das Datum am besten gleich dazu. Heute ist der 9. November, oder?

Ja, genau. Hoffentlich findet die Polizei Ihr Fahrrad wieder.

Auswahl | Belehrung | Zeuge | Kontakt

◯ Mitteilung/Hinweis an die Polizei ◯ Strafanzeige (1)

Sind Sie selbst der/die Geschädigte? ◯ ja ◯ nein (2)

Tatort und -zeit

Wo hat sich der Vorfall ereignet? (Adresse) ______________________________ (3)

Wann hat sich der Vorfall ereignet? Datum: ______________ (4) Uhrzeit: ______________ (5)

Sachverhalt

Beschreiben Sie hier bitte, was passiert ist.

____

____ (6)

Ist Ihnen der Täter oder die Täterin bekannt? ◯ ja ◯ nein (7)

Falls die Person bekannt ist, bitte Namen und Adresse angeben: ______________________ (8)

Gibt es Zeugen? ◯ ja ◯ nein (9)

Falls die Person bekannt ist, bitte Namen und Adresse angeben: ______________________

____ (10)

39 Prüfung: Vorbereitung und Strategien

1 Tipps für die Prüfungsvorbereitung – Setzen Sie die Verben in die Lücken ein.

[arbeiten • kontrollieren • lernen • vergleichen • schreiben • korrigieren • merken]

✓ ________________ (1) Sie viele verschiedene Texte. Wenn möglich, lassen Sie Ihre Texte von Muttersprachlern ________________ (2). Oder ________________ (3) Sie Ihre Texte mit ähnlichen Texten.

✓ ________________ (4) Sie feste Ausdrücke auswendig. Sie machen ihre schriftliche Sprache richtig und natürlich.

✓ ________________ (5) Sie sich die Konventionen der verschiedenen Textsorten, z. B. formelle E-Mails oder informelle Nachrichten.

✓ Finden Sie heraus, welche Fehler Sie am häufigsten machen. ________________ (6) Sie an den Fehlern und ________________ (7) Sie in der Prüfung, ob Sie sie gemacht haben.

2 Häufige Fehler: Ergänzen Sie die Regeln.

1. Das Verb steht im Hauptsatz an Position ________, im Nebensatz am ______________. In längeren Texten sollte man nicht jeden Hauptsatz mit dem Subjekt anfangen. An erster Position kann auch eine Zeit- oder Ortsangabe stehen. Auch in diesem Fall steht das Verb an Position ______. Danach kommt das ________________.
2. Zwischen Hauptsatz und Hauptsatz, Hauptsatz und Nebensatz oder Nebensatz und Nebensatz steht ein ________________. (Zusatzregel: Wenn zwei Hauptsätze durch *und* oder *oder* verbunden sind, kann man das Komma auch weglassen.)
3. Es gilt *Zeit vor* _________, zum Beispiel: „Ich war am Montag am Bahnhof."
4. Nomen, Namen und Satzanfänge schreibt man ________________.
5. In Briefen schreibt man *Sie, Ihr, Ihnen* usw. _________, *du, dir, dich, dein* usw. dagegen ___________.

3 In der Prüfung: Was passt zusammen? Ordnen Sie zu.

1. _____ Lesen Sie die Aufgabenstellung.
2. _____ Lesen Sie die inhaltlichen Punkte und markieren Sie die Schlüsselwörter. Verwenden Sie die Schüsselwörter später im Text.
3. _____ Machen Sie zu jedem Inhaltspunkt Notizen auf einem Extrablatt. Schreiben Sie nicht den ganzen Text vor. Dafür reicht die Zeit oft nicht.
4. _____ Überlegen Sie, welche Redemittel Sie brauchen, und notieren Sie diese ebenfalls.
5. _____ Schreiben Sie den Text auf den Antwortbogen. Nach jedem Inhaltspunkt beginnt ein neuer Absatz. Achten Sie auf den Inhalt und die Sprache. Eine schöne Schrift ist nicht so wichtig.
6. _____ Korrigieren Sie Ihren Text und besonders die Fehler, die Sie häufig machen.

a) „Welche Punkte sollen im Text vorkommen?"
b) „Welche Redemittel passen hier: Soll ich um Information bitten? Oder die Vorteile von etwas benennen? Oder mich beschweren?"
c) „Ist alles richtig? Habe ich das Verb im Hauptsatz immer an Position 2? Sind alle Verben richtig konjugiert? Steht die Zeit immer vor dem Ort? "
d) „Was für einen Text soll ich schreiben?"
e) „Hier soll ich mit den Notizen und Redemitteln den Text schreiben. Dabei muss ich an die inhaltlichen Punkte die Schlüsselwörter denken. Mit jedem neuen Punkt fange ich in einer neuen Zeile an. Wie verbinde ich die Sätze?"
f) „Was schreibe ich zu jedem einzelnen Punkt?"

TIPP Sie bekommen wichtige Punkte, wenn Sie die richtigen Konventionen wählen und die Fragen oder Inhaltspunkte so bearbeiten, dass man Ihre Antworten verstehen kann. Dann können Sie die Prüfung auch bestehen, wenn Sie sprachliche Fehler machen.

40 Das Goethe-Zertifikat B1

TIPP Für den Prüfungsteil „Schreiben" haben Sie 60 Minuten Zeit. Sie schreiben formelle und informelle Briefe oder E-Mails und einen Forumsbeitrag, in dem Sie Ihre Meinung ausdrücken. Die Texte schreiben Sie direkt auf den Antwortbogen.

Aufgabe 1, Arbeitszeit: 20 Minuten

Sie haben einen Film gesehen, der für Ihre Freundin/Ihren Freund auch interessant sein könnte, und laden sie/ihn ein, den Film mit Ihnen anzuschauen.

- Fassen Sie in 1-2 Sätzen zusammen, worum es in dem Film geht.
- Begründen Sie: Warum ist der Film für die Freundin/den Freund wahrscheinlich interessant?
- Laden Sie die Freundin/den Freund ein, den Film mit Ihnen anzusehen.

Schreiben Sie eine E-Mail (circa 80 Wörter).
Schreiben Sie zu allen drei Punkten etwas.
Achten Sie auf den Textaufbau (Anrede, Einleitung, Reihenfolge der Inhaltspunkte, Schluss).

Aufgabe 2, Arbeitszeit: 25 Minuten

Sie haben im Internet eine Diskussionssendung zum Thema „Haustiere in der Corona-Pandemie" gesehen. Auf der Seite finden Sie folgenden Kommentar:

Nana25	Wir haben uns auch einen Hund geholt. Die Kinder wollten das so gerne. Ich glaube, wenn mein Mann und ich wieder im Büro arbeiten, finden wir schon eine Möglichkeit, den Hund zu betreuen. Meiner Meinung nach muss man nicht immer alles ganz genau planen. Dann traut man sich am Ende gar nicht mehr, irgendetwas zu machen. Wir sind auf jeden Fall glücklich mit unserem Hund.

Schreiben Sie nun Ihre Meinung zum Thema (ca. 80 Wörter).

Aufgabe 3, Arbeitszeit: 15 Minuten

Sie waren Mitglied in einem Sportverein, haben Ihre Mitgliedschaft aber gekündigt. Trotzdem ist im aktuellen Monat wieder der Beitrag von Ihrem Konto abgebucht worden.

Schreiben Sie dem Sportverein. Beschweren Sie sich. Schreiben Sie, dass Sie fristgerecht gekündigt haben und dass Sie im Anhang einen Scan der Kündigungsbestätigung mitschicken.

Schreiben Sie eine E-Mail (circa 40 Wörter).
Vergessen Sie nicht die Anrede und den Gruß am Schluss.
Sie wissen nicht, wie Ihre Ansprechpartnerin oder Ihr Ansprechpartner heißt.

Antwortbogen

Nachname, Vorname: ______________________ ______________________

Geburtsdatum: __ __ . __ __ . __ __ __ __ ○ Erwachsene/r ○ Jugendliche/r

Teil 1

Teil 2

Teil 3

41 ÖSD Zertifikat Deutsch Österreich B1

TIPP Beim ÖSD können Sie zwischen zwei Aufgaben auswählen: Entweder schreiben Sie eine informelle oder eine (halb-)formelle E-Mail. In jedem Fall antworten Sie auf eine vorgegebene E-Mail. Sie haben 40 Minuten Zeit. Ihren Text schreiben Sie auf den Antwortbogen.

Variante A

Situation: Sie waren gerade drei Wochen in der Türkei wandern. Kurz nach Ihrer Rückkehr bekommen Sie ein E-Mail von Ihrer Freundin Sarah.

> Liebe/r ...,
>
> bist du zurück aus der Türkei? Wie war es? Erzähl doch mal.
> Ich habe endlich einen neuen Job gefunden: Ich arbeite jetzt als Betreuerin in einer Einrichtung für Jugendliche.
> Wollen wir uns nicht mal wieder treffen? Melde dich doch mal.
>
> Liebe Grüße
> Sarah

Schreiben Sie Sarah ein E-Mail, das folgende Punkte enthält:

- Sie freuen sich, dass Sarah Arbeit gefunden hat.
- Schlagen Sie eine gemeinsame Aktivität vor.
- Ihre Reise war schön. Bei dem Treffen wollen Sie mehr darüber erzählen.
- Fragen Sie Sarah, wann sie Zeit hat.

Schreiben Sie eine Anrede, eine passende Einleitung und einen passenden Schluss.

TIPP Einige Wörter kann man mit zwei verschiedenen Artikeln verwenden. Oft gibt es dabei regionale Unterschiede. In Deutschland sagt man eher *die E-Mail*, in Österreich auch *das E-Mail*.

Variante B

Situation: Sie haben dem Integrationszentrum Graz geschrieben und gefragt, ob es noch Plätze in einem B1+-Kurs gibt. Sie haben folgende Antwort erhalten:

> Sehr geehrte Frau/Sehr geehrter Herr ...,
>
> wir freuen uns, Ihnen folgenden Kurs anbieten zu können:
> Deutsch B1+, 01.05. - 31.06., montags bis freitags, 13:00 - 17:00
> Falls Sie an dem Kurs teilnehmen möchten, melden Sie sich bitte bis zum 15.04. bei uns an - entweder per E-Mail oder telefonisch.
>
> Mit freundlichen Grüßen
> Stefan Kreuzmüller

Schreiben Sie Herrn Kreuzmüller ein E-Mail, das folgende Punkte enthält:

- Bedanken Sie sich für das Angebot.
- Nachmittags müssen Sie regelmäßig Ihre Kinder betreuen.
- Bitten Sie um Informationen zu Vormittagskursen.
- Fragen Sie, ob Sie Ihr B1-Zertifikat bei einer Anmeldung mitschicken sollen.

Schreiben Sie eine Anrede, eine passende Einleitung und einen passenden Schluss.

Lesen Sie zuerst Variante A und Variante B durch.
Schreiben Sie dann zu Variante A oder Variante B nur ein E-Mail.

....

....

....

....

....

....

....

....

....

....

....

....

....

....

....

....

....

....

....

....

TIPP Sie können die Variante wählen, von der Sie die Konventionen besser kennen: Ist es leichter für Sie, eine informelle E-Mail mit *du* zu schreiben? Oder schreiben Sie lieber eine formelle E-Mail mit *Sie*? Bereiten Sie sich in jedem Fall auf beides vor. Dann sind Sie in der Prüfung flexibel.

42 Zertifikat Deutsch / telc Deutsch B1

TIPP In der telc-Prüfung haben Sie für den Teil „Schreiben“ 30 Minuten Zeit. Sie beantworten eine E-Mail und behandeln dabei vier inhaltliche Punkte. Ihren Text schreiben Sie auf den Antwortbogen.

Sie haben sich auf eine Wohnungsanzeige gemeldet und folgende Antwort erhalten:

Sehr geehrte Frau/Sehr geehrter Herr …,

vielen Dank für Ihr Interesse an der Wohnung in der Bleistraße 11. Gern können Sie die Wohnung besichtigen.
Wir möchten Ihnen Montag, den 04.09. um 15 Uhr als Termin anbieten.
Bitte geben Sie uns kurz Bescheid, ob Ihnen der Termin passt.
Bitte füllen Sie das Dokument im Anhang vollständig aus und senden Sie es uns per Mail oder Post oder bringen Sie es zur Besichtigung mit. Bitte bringen Sie auch Ihren Personalausweis zu dem Termin mit.

Mit freundlichen Grüßen
Gülseren Yildiz
Hausverwaltung Nord

Antworten Sie auf die E-Mail. Schreiben Sie etwas zu allen vier Punkten:

- Sie freuen sich, dass die Wohnung noch frei ist.
- Am Montag müssen Sie bis 16 Uhr arbeiten und könnten erst um 17 Uhr zur Besichtigung kommen.
- Sie haben das Dokument ausgefüllt und schicken es im Anhang mit.
- Sie haben ein Ausweisdokument aus Ihrem Heimatland.

Überlegen Sie vor dem Schreiben eine passende Reihenfolge der Punkte, einen passenden Betreff, eine passende Anrede, Einleitung und einen passenden Schluss.

Familienname • Surname • Apellido • Nom • Cognome • Soyadı • Фамилия

Vorname • First Name • Nombre • Prénom • Nome • Adı • Имя

43 Lösungen

A Nachrichten, E-Mails, Briefe & Co.: Die Grundlagen

1 Informell, formell, halbformell

1 1C, 2A, 3B

2 Informelle Kommunikation

1a 1. Lieber 2. das 3. ∫ 4. deine 5. ∫ 6. ---, ∫

1b 1. , (Komma) 2. . (Punkt) 3. --- (keine Ergänzung) 4. --- (Keine Ergänzung)

2 1. Liebe Katharina 2. Liebe

3 Formelle Kommunikation

1 1. Sehr geehrte Damen und Herren 2. Mit freundlichen Grüßen 3. Sehr geehrte 4. Mit freundlichen Grüßen 5. Sehr geehrter 6. Mit freundlichen Grüßen

2 1. Semira Bartels 2. Kündigung 3. Sehr geehrte Frau Bartels 4. Mit freundlichen Grüßen

4 Halbformelle Kommunikation

1a 1. informell 2. formell 3. informell 4. formell

1b 1. Liebe Frau Selb 2. Ihrer 3. Sie 4. Viele Grüße 5. John McDonahoe

5 Freie Kommunikation: Forumsbeiträge, Kommentare & Co.

1a 1C, 2B, 3A

1b 1. Anrede 2. Gruß 3 Forumsbeiträgen

6 Welche Textform ist das?

1a 1. Sie 2. Grüße 3. Sehr geehrte 4. Ihnen 5. @ 6. dir 7. Liebe/ Hallo 8. du 9. G

1b von informell bis formell: D, E, A, B; Diesen Text kann man nicht einsortieren: C

B Private Kommunikation

7 Kurz geschrieben

1a 1. Anrede 2. Personalpronomen 3. Infinitive 4. Verben

1b 1. -, Kuchen, Hatte 2. abwaschen, saubermachen 3. Hoffe, Hab

1c Beispiellösungen: 1. Hab meinen Schlüssel nicht gefunden. Komm um 1 wieder. Hoffe, ihr seid dann da. 2. Wein bitte nicht trinken. Den brauch ich heute Abend zum Kochen. 3. Bananen und Pfeffer nicht vergessen!

2a 1. Wollen 2. soll 3. Lass uns

2b 1C, 2B, 3A

2c 1. Lust 2. zu 3. gern 4. uns 5. Oder 6. könnten 7. dabei

2d Beispiellösungen: 1. Ja, total. Hast du vielleicht Lust, eine Fahrradtour an den See zu machen? 2. Oder vielleicht lieber im Wald wandern gehen? Am Samstag soll es heiß werden.

3a 2, 3, 1, 4

3b 1. sorry 2. leid 3. Verzeih 4. sei 5. Entschuldigen

3c Beispiellösungen: 1. Leider nicht, sorry. Muss heute arbeiten. 2. Entschuldige bitte! Ich habe unser Treffen total vergessen und bin gerade am anderen Ende der Stadt. Das tut mir furchtbar leid! Bitte sei mir nicht böse! LG, Anna 3. Lieber Herr Ling, entschuldigen Sie bitte, dass ich noch nicht geantwortet habe. Ich möchte vorher noch mit einem Kollegen sprechen. Morgen beantworte ich Ihre E-Mail. Max Fischer

8 Einladungen

1a 1B, 2A, 3C

1b Beispiellösungen:

1

Düsseldorf, den 15.01.20..

Einladung zum Chunjie-Fest

Lieber Jan,

hiermit möchte ich dich zum Chunjie-Fest am 7. Februar zu mir (nach Hause) einladen.
Ich weiß nicht, ob du etwas über dieses Fest weißt: Es ist das chinesische Neujahr. Traditionell trifft man sich mit der Familie und besucht Freunde. Ich würde mich sehr freuen, wenn du kommen könntest.
Es wäre nett, wenn du mir bis zum 1. Februar sagen könntest, ob du kommst.

Viele liebe Grüße
Yuming Shen

2

Hallo Leute! Kommt ihr am Samstag zu mir zum Fußballgucken? Ich freue mich, wenn ihr dabei seid! LG, Saeed

2a Zusage: 2, 4, 5, 6, 9; Absage: 1, 3, 7, 8, 10

2b leider

2c Beispiellösungen:

1

Hey Kirana! Wir kommen sehr gern! Sollen wir etwas Bestimmtes mitbringen oder anziehen? Wir freuen uns schon! LG, Sandra und Lilly

2

Lieber Erkan,

ich habe mich sehr über die Einladung gefreut und komme gern. Was bringt man denn traditionell zum Zuckerfest mit?

Liebe Grüße
Kristina

3

Passau, den 05.06.20..

Liebe Ruth,

vielen Dank für die Einladung. Es tut mir furchtbar leid, aber zu deiner Bat-Mizwa kann ich leider nicht kommen. Mein Opa feiert an diesem Tag seinen 80. Geburtstag und meine Familie plant schon lange ein großes Fest.
Schade, ich wäre wirklich gern dabei! Ich wünsche dir alles Liebe und Gute für diesen Tag!

Liebe Grüße
Tim

9 Etwas erzählen

1 am Anfang: 1, 2, 5, 7; am Ende: 3, 4, 6

2 1. am Anfang, zuerst 2. dann, danach, später 3. am Ende, zum Schluss, schließlich

3 2c, 3a, 4e, 5d, 6b, 7f

4 1. Am Anfang/Zuerst 2. Aber dann 3. später 4. Zum Schluss/ Am Ende/Schließlich

5 1. bin ich mit meinem Freund Boris in eine Ausstellung gegangen. 2. Am Anfang war es lustig und wir hatten Spaß. 3. Aber dann haben wir uns gestritten. 4. Er wollte bei jedem Bild stehen bleiben und jeden Text lesen. 5. Das war mir zu langweilig. 6. Am Ende bin ich schneller durch die Ausstellung gegangen und habe im Café auf ihn gewartet.

6 Beispiellösungen:

1

Betreff: Was mir heute passiert ist

Liebe Monika,

du glaubst nicht, was ich heute erlebt habe. Heute war ich in der Stadt und habe gesehen, wie ein Mann an einem Straßenmusiker vorbeigegangen ist. Zuerst dachte ich, er möchte Geld in den Instrumentenkoffer legen. Aber dann habe ich gesehen, dass er Geld aus dem Koffer herausgenommen hat. Da habe ich dem Mann hinterhergerufen. Schließlich hat er sich umgedreht, das Geld schnell zurückgelegt und ist weggelaufen.
Und du? Was gibt es bei dir Neues?

Liebe Grüße
Audrey

2

Betreff: Was mir heute passiert ist

Liebe Monika,

ich muss dir unbedingt was erzählen. Ich war heute in der Stadt unterwegs und habe gehört, dass jemand meinen Namen gerufen hat. Zuerst dachte ich, dass es ein Bekannter sein muss, und habe mich umgedreht. Aber ich habe niemanden gesehen. Dann habe ich meinen Namen noch einmal gehört. Da habe ich gesehen, dass vor einem Tiergeschäft ein Käfig mit einem Papagei steht. Und der Papagei hat meinen Namen zum dritten Mal gerufen! Am Ende habe ich den Papagei gekauft. Jetzt brauche ich nur noch eine Frau für ihn, weil man Papageien nicht allein halten soll. Komm doch mal vorbei und sieh ihn dir an. Gibt's bei dir was Neues? Ich habe so lange nichts von dir gehört.

Liebe Grüße
Audrey

10 Ratschläge

1a 1, 3, 4, 6, 7, 9, 10, 11

1b 1. An deiner Stelle 2. Auf keinen Fall 3. Oft hilft 4. Versuch doch

2 Beispiellösungen:

1 Auf keinen Fall solltest du Listen lesen. An deiner Stelle würde ich die Wörter notieren und Sätze damit schreiben. Versuch doch mal, eine Vokabel-App zu benutzen. Mir hilft das immer sehr.

2 Du solltest die Aufgaben genau lesen und die Zeit gut planen. Und am Abend vorher würde ich an deiner Stelle rechtzeitig schlafen gehen. Am Nachmittag könntest du noch etwas Schönes machen, damit du gut schlafen kannst.

3 Auf keinen Fall solltest du Buchstabe für Buchstabe abschreiben. Ich würde dir raten, ein Wort zu lesen und dann ein Stück Papier darüber zu legen. Danach solltest du das Wort aus dem Kopf schreiben. So kannst du es als Bild speichern. Außerdem könntest du Texte schreiben und von Muttersprachlern korrigieren lassen. Am besten wäre es, wenn du die Texte zum Schluss noch einmal abschreiben würdest.

4 Oft hilft es, erst viele Ideen zu sammeln und Notizen zu machen. Dann solltest du deine Gedanken ordnen. Und erst zum Schluss solltest du den Text schreiben.

11 Briefe und Karten zu bestimmten Anlässen

1 1. wünschen 2. wird 3. Kindes 4. Gute 5. Lebensweg 6. Glück 7. Beileid 8. schwierigen

2 Beispiellösungen:

1

Liebe Veronika,

herzlichen Glückwunsch und alles Gute zum Geburtstag wünsche ich dir. Feier ordentlich, man wird schließlich nur einmal 30!

Liebe Grüße
Hugo

2

Liebe Familie Al-Arabi,

zur Geburt Ihres Kindes wünsche ich Ihnen alles Gute!

Viele Grüße
Hugo Lemes

3

Liebe Eylem, lieber Boris,

für euren gemeinsamen Lebensweg wünsche ich euch viel Liebe und Glück!

Liebe Grüße
Hugo

4

Liebe Jennifer,

zum Tod deines Vaters möchte ich dir mein herzliches Beileid aussprechen.
Ich wünsche dir viel Kraft in dieser schwierigen Zeit.

In tiefer Verbundenheit
Hugo

C Soziale Medien und Netzwerke

12 Ein Profil erstellen

1a 1D, 2A, 3E, 4C, 5B

1b 1. Ich lerne gern Sprachen. 2. Ich verreise sehr gern mit Freunden. 3. Ich koche nicht so gern, aber ich esse sehr gern.

2 Eigene Lösung: Vergleichen Sie dazu den Hinweis im Vorwort und die Regeln, die Sie in Kapitel A gelernt haben.

13 Über Netzwerke kommunizieren

1a 1F: Ja 2C: Das finde ich auch. Das stimmt. 3E: Das finde ich gar nicht. Ich habe auch andere Erfahrungen gemacht. 4B: Wie süß ist das denn?! Wie lustig! Wirklich megasüß und lustig! 5D: Also, ich weiß nicht, ob … Ich bin (auch) nicht sicher, ob … 6E: Doch das geht! 7A: Was?! Warum … (Aber) ich hätte nicht gedacht, dass … Wow, krass!

1b Beispiellösungen: 1. Was? Warum kannst du denn nicht kommen? Wie schade! 2. Wie süß ist das denn?! 3. Also, ich weiß nicht, ob Basilikum aus dem Supermarkt lange lebt. 4. Doch, das geht! Wenn der Wein noch nicht getrocknet ist, kann man ihn mit Wasser und Seife auswaschen. 5. Das finde ich auch. Total nett von dir!

1c Eigene Lösungen: Vergleichen Sie dazu den Hinweis im Vorwort und die Regeln, die Sie in Kapitel A gelernt haben.

2a 1. der neuen 2. unseren 3. weicher 4. Grüne 5. rote/rosa/gelbe 6. letztes 7. meinen anderen Sachen 8. wasserdicht 9. einem alten 10. Tassen 11. Untertassen 12. kleinen Tellern 13. gutem 14. Junge Kätzchen 15. liebevolle 16. nette 17. persönliche 18. Schweren 19. geliebtes, kleines, altes 20. großer 21. klein 22. nächsten Jahren 23. große

2b 1c, 2b, 3a, 4e, 5f, 6d

2c Beispiellösungen:

1 Junge Zebrafinken in liebevolle Hände abzugeben! Unsere Zebrafinken haben vier Küken bekommen und wir suchen gerade nette Besitzer für sie. Mir ist wichtig, dass die Vögel einen großen Käfig bekommen und jeden Tag frei fliegen können.

2 Hey Leute! Hat jemand Interesse an einem flachen Couchtisch aus Holz? Preis: 120 Euro VHB, an Selbstabholer.

3 Wanderschuhe Größe 37, nur einmal getragen. Wer tauscht gegen Wanderschuhe Größe 38? Meine Schuhe sind mir ein bisschen zu klein, deshalb suche ich größere. Aussehen ist nicht so wichtig, aber ich möchte auf jeden Fall welche, die noch nicht so oft getragen wurden.

4 Liebe Nachbarn und Nachbarinnen! Mag jemand von euch vegetarisches Sushi? Ich finde, es schmeckt ein bisschen nach Fisch. Zu verschenken an Selbstabholer, am besten heute.

2d 4A, 3B, 1C; 1. haben 2. abholen 3. interessiere 4. Tauschen 5. habe

2e Eigene Lösung: Vergleichen Sie dazu den Hinweis im Vorwort und die Regeln, die Sie in Kapitel A gelernt haben.

3a 1c, 2a, 3c, 4b, 5b, 6c, 7a, 8a, 9c

3b Beispiellösungen:

1 Geldbeutel verloren – Finderlohn! Hat jemand einen alten, dicken Geldbeutel aus braunem Leder gefunden? Ich habe ihn gestern verloren, wahrscheinlich in der Nähe von Bäcker Krause. Ich würde mich sehr freuen, wenn er wieder auftaucht, und biete 50 Euro Finderlohn!

2 Ring gefunden! Hallo Leute! Wir haben heute in der Bielingstraße zwischen den parkenden Autos diesen Ring gefunden. Bitte schreibt mir eine persönliche Nachricht, wenn es euer Ring ist oder wenn ihr ihn schon einmal gesehen habt und vielleicht wisst, wem er gehört.

3 Katze vermisst! Wer hat unsere Katze Mietzi gesehen? Sie ist seit Mittwoch verschwunden. Falls sie jemand sieht, sagt uns bitte Bescheid! Es wäre auch sehr nett, wenn ihr in euren Kellern nachsehen könntet, ob Miezi sich dort irgendwo versteckt. Sie ist sehr lieb und zutraulich und hört auf ihren Namen. Vielen Dank schon mal im Voraus!

3c Beispiellösungen:

1 Hallo NadjaN.! Wir haben Schildi heute bei uns im Garten gefunden. Es geht ihr gut. Ich habe sie in einen Karton gesetzt und ihr Wasser und Salat gegeben. Du kannst jederzeit vorbeikommen und sie abholen. Narrengasse 7.

2 Lieber Meron, das ist mein Schlüsselbund! Vielen Dank, ich bin superfroh, dass du ihn gefunden hast! Wann und wo kann ich ihn abholen?

3 Hallo Priscilla! Ich habe Meikes Teddy auf dem Weg zum Spielplatz gefunden und mitgenommen. Wollen wir uns heute Nachmittag auf dem Spielplatz treffen? Dann bringe ich ihn mit. Finderlohn brauche ich nicht / möchte ich nicht haben. Ich freue mich, wenn Meike ihren Teddy wiederhat.

4a die Meinung ausdrücken: 1, 2, 4, 7; die Meinung begründen: 3, 5, 6

4b Beispiellösungen:

1 Ich finde es sinnlos, Feuerwerk zu verbieten, weil ich nicht glaube, dass man die Umweltprobleme mit einem Verbot lösen kann, da das Feuerwerk nur einmal im Jahr ist.

2 Ich finde, dass man es verbieten sollte, und zwar aus folgendem Grund: Feuerwerk ist laut und gefährlich.

3 Meiner Meinung nach sollte man es nicht verbieten, weil ich denke, dass es den Kindern Spaß macht.

4c Eigene Lösungen: Vergleichen Sie dazu den Hinweis im Vorwort und die Regeln, die Sie in Kapitel A gelernt haben.

4d 1b, 2c, 3a

4e 1. Einerseits sind die Tiere dort gefangen. Andererseits überleben manche Tierarten nur im Zoo. 2 Ein Leben im Zoo ist zwar nicht natürlich, aber viele Zootiere sind im Zoo geboren und kennen die Natur nicht. 3. Auf der einen Seite wirken viele Zootiere glücklich. Auf der anderen Seite sind sie wahrscheinlich nicht so glücklich wie in der Natur.

4f Eigene Lösungen: Vergleichen Sie dazu den Hinweis im Vorwort und die Regeln, die Sie in Kapitel A gelernt haben.

5a Zustimmung: 1, 3, 4, 7; Widerspruch: 2, 5, 6, 8

5b 1b, 2a

5c Beispiellösungen:

1 Da bin ich anderer Meinung. Ich finde es viel wichtiger, dass die Schülerinnen und Schüler sich auf den Unterricht konzentrieren. Und zumindest in der Schule sollten sie nicht über Markenklamotten diskutieren.

2 Ich finde, du hast recht damit, dass Schuluniformen unnötig sind. Ich möchte nicht, dass meine Kinder gezwungen werden, eine bestimmte Kleidung zu tragen.

6a Eigene Lösung: Vergleichen Sie dazu den Hinweis im Vorwort und die Regeln, die Sie in Kapitel A gelernt haben.

6b dieselbe Meinung: 1, 3, 6; eine Gegenmeinung: 2, 4, 5

6c Eigene Lösung: Vergleichen Sie dazu den Hinweis im Vorwort und die Regeln, die Sie in Kapitel A gelernt haben.

7a 1C, 2B, 3E, 4A, 5D

7b Beispiellösungen: 1. Hallo Leute! Kennt jemand ein gutes indisches Restaurant? 2. Hey! Ich möchte Auto fahren lernen und suche gerade eine Fahrschule mit geduldigen Fahrlehrern. Welche Erfahrungen habt ihr mit den Fahrschulen hier in der Nähe? 3. Kennt jemand von euch zufällig einen guten Gitarrenlehrer oder eine gute Gitarrenlehrerin? Ich suche jemanden, der Erfahrung mit Kindern hat. 4. Hallo! Ich bin neu im Viertel und suche einen Park oder eine Wiese, wo ich ungestört Yoga machen kann. Könnt ihr mir etwas empfehlen?

7c Beispiellösungen: 1. Das Haarlem in der Johannisstraße. Die Leute dort sind supernett und lustig, und mit meiner Frisur bin ich immer zufrieden. 2. Wie wäre es mit Krüger Training in der Regensburger Straße? Die Trainer sind kompetent, man bekommt eine gute Beratung, und die Atmosphäre ist persönlich und familiär. 3. Am Palmplatz ist am Dienstag- und Samstagmorgen Wochenmarkt. Es gibt vor allem frisches Gemüse, aber auch einen Stand mit Eiern und Käse und einen Wagen mit frischem Kaffee. 4. Dr. Behzadi. Er ist ein sehr guter Arzt, hat wirklich Ahnung und erinnert sich an alles, was man ihm erzählt. Außerdem nimmt er sich immer viel Zeit.

8a 1c, 2a, 3b, 4c, 5a, 6b, 7c, 8a, 9b

8b Eigene Lösung: Vergleichen Sie dazu den Hinweis im Vorwort und die Regeln, die Sie in Kapitel A gelernt haben.

9a 1h, 2b, 3a, 4i, 5d, 6f, 7c, 8e, 9g

9b Eigene Lösung: Vergleichen Sie dazu den Hinweis im Vorwort und die Regeln, die Sie in Kapitel A gelernt haben.

D Teilnahme und Mitgliedschaft

14 Anmeldeformulare

1 1. privat 2. Düsseldorf 3. B1 4. ja 5. Goethe oder telc 6. 01.09. 7. ja 8. Gastfamilie 9. Ich brauche eine barrierefreie Unterkunft.

Folgende Nahrungsmittel esse ich nicht: Fleisch 10. Kreditkarte 11. - 12. Hiermit bestätige ich, dass ich die AGB und die Datenschutzbestimmungen gelesen habe.

15 Bitte um Informationen

1a 2

1b mit Punkt: 3, 4, 6; mit Fragezeichen: 2, 5

2 1. ob ich mich noch zu dem Kurs anmelden kann? 2. welche Papiere ich zur Anmeldung mitbringen muss. 3. mit welchem Buch wir im Kurs arbeiten? 4. ob ich mich mit einem A2-Zertifikat anmelden kann oder (ob ich) einen Einstufungstest machen muss. 5. ob die Sprachschule bei der Vermittlung von Unterkünften hilft.

3a 1, 3, 5, 6

3b 1. ob ich die Kursgebühr auch bezahlen kann, wenn ich in Deutschland bin? 2. welches Buch ich brauche. 3. wie ich eine günstige Unterkunft für den Monat finden kann?

4 Beispiellösungen:

1

Betreff: Fragen zu Ihrem B1-Sprachkurs

Sehr geehrter Herr Yontar,

im Wintersemester möchte ich in Hamburg studieren. Vorher würde ich gern einen B1-Sprachkurs an einer Sprachschule machen. Dazu hätte ich einige Fragen. Können Sie mir sagen, wie lange der Kurs dauert? Außerdem würde ich gern wissen, ob es am Ende des Kurses eine Prüfung gibt.
Und eine letzte Frage: Wenn es eine Prüfung gibt und ich sie bestehe, kann ich mich dann an der Universität direkt für einen B2-Kurs anmelden?

Vielen Dank im Voraus.

Mit freundlichen Grüßen
(Vorname Nachname)

2

Betreff: Fragen zu Ihrem Sommercamp

Sehr geehrter Herr Schettkat,

meine beiden 14- und 16-jährigen Kinder würden gern an Ihrem Sommercamp in den Alpen teilnehmen, um ihr Deutsch zu verbessern. Vorher hätte ich aber noch einige Fragen. Erstens würde ich gern wissen, was die Jugendlichen in ihrer Freizeit machen können.

Zweitens würde mich interessieren, ob auch beim Essen und bei den Freizeitaktivitäten Deutsch gesprochen wird. Und drittens: Können Sie mir sagen, ob rund um die Uhr eine Betreuung im Camp ist?

Vielen Dank im Voraus für Ihre Antwort.

Mit freundlichen Grüßen
(Vorname Nachname)

3

Betreff: Fragen zu den Fahrstunden in Ihrer Fahrschule

Sehr geehrte Frau Piripidou,

auf Ihrer Homepage habe ich mich über Ihr Angebot informiert und wollte fragen, ob man bei Ihnen schon in der ersten Stunde auf der Straße fahren muss oder (ob man) erst auf einem Parkplatz üben kann. Außerdem würde ich gern wissen, ob es bei Ihnen auch weibliche Fahrlehrerinnen gibt. Und noch etwas: Bezahle ich nach jeder Fahrstunde oder bekomme ich am Ende eine Gesamtrechnung? Und eine letzte Frage: Wie kann ich mich auf die erste Fahrstunde vorbereiten?

Mit freundlichen Grüßen
(Vorname Nachname)

16 Formlose Anmeldungen

1a 1. informell 2. formell

1b formell: 2, 10, 11; informell: 1, 5, 6; beide: 3, 4, 7, 8, 9

2a Beispiellösung:

Hallo!

Mein Name ist Isabel. Ich hab auf eurer Homepage gesehen, dass man bei euch Kampfsport trainieren kann. Ich interessiere mich schon lange dafür, bin aber noch Anfängerin. Vor vielen Jahren habe ich schon einmal Kickboxen ausprobiert. Das hat total Spaß gemacht, aber ich hatte nicht genug Zeit und habe wieder aufgehört. Jetzt würde ich gern Muay Thai ausprobieren. Einerseits möchte ich fit werden und andererseits möchte ich gern kämpfen lernen. Mir ist wichtig, dass es ein gemischtes Training mit Frauen und Männern gibt. Kann ich am Donnerstag zum Probetraining vorbeikommen?

Viele Grüße
Isabel

2b 1c, 2e, 3a, 4d, 5b

Beispiellösung:

Sehr geehrte Damen und Herren,

auf Ihrer Homepage habe ich gesehen, dass Sie auch neue Vereinsmitglieder aufnehmen. Für eine Mitgliedschaft interessiere ich mich deswegen, weil ich keinen eigenen Garten habe. Im Moment versuche ich, auf meinem Balkon Blumen und Gemüse zu pflanzen. Aber dort habe ich nicht viel Platz. Außerdem brauche ich einen ruhigen Ort, an dem ich mich entspannen kann.
Ich würde gern am 13.06. zu Ihrem nächsten Treffen kommen. Außerdem würde ich mich freuen, andere Gärtnerinnen und Gärtner kennenzulernen.

Vielen Dank im Voraus für Ihre Antwort.

Mit freundlichen Grüßen
Mats Eindal

2c Eigene Lösung: Vergleichen Sie dazu den Hinweis im Vorwort und die Regeln, die Sie in Kapitel A gelernt haben.

17 Absagen und Entschuldigungen

1 3, 1, 2

2 1. Betreff 2. Datumsangaben 3. Grund 4. Fragen

3a 1. Es tut mir leid, aber ich kann leider doch nicht am Kurs teilnehmen. 2. Leider kann ich am Montag, den 3.7., nicht zum Meeting kommen. 3. Beim zweiten Treffen werde ich da sein. 4. Entschuldigen Sie bitte die kurzfristige Absage. 5. Es tut mir leid, dass ich erst jetzt absage. 6. Leider muss ich meine Teilnahme an dem Kurs absagen. 7. Ich habe am Montag, den 3.7., leider einen wichtigen Termin und kann nicht an der Besprechung teilnehmen. 8. Am zweiten Termin komme ich auf jeden Fall.

3b 2 und 7, 3 und 8, 4 und 5

4 1. entschuldige 2. entschuldigen 3. Entschuldigung

5 Beispiellösungen:

1

Lieber Sven,

leider kann ich nächste Woche nicht zum Training kommen, weil ich meine Schwester in Leipzig besuche. Übernächste Woche bin ich zurück und komme wieder zum Training. Zwischendurch werde ich zu Hause trainieren.

Viele liebe Grüße
Sabrina

2

> Sehr geehrte Frau Kahl,
>
> es tut mir leid, aber ich kann leider doch nicht an unserem nächsten Treffen teilnehmen. Ich reise nach Warschau, weil meine Tochter dort heiratet. / Aus familiären Gründen reise ich für ein paar Tage nach Warschau. Entschuldigen Sie bitte die kurzfristige Absage. Eigentlich wollte ich das Protokoll führen. Das bedeutet, diese Aufgabe müsste jetzt jemand anderes / ein anderes Vereinsmitglied übernehmen.
>
> Mit freundlichen Grüßen
> Anton Grüneberg

18 Eine Mitgliedschaft kündigen

1 1. 00274639000 2. Frau 3. Maricarmen 4. Schmidt Velazquez 5. Klostergasse 6 6. 50668 Köln 7. maricarmen@mail.com 8. Ich bin unzufrieden mit dem Angebot, und zwar aus folgendem Grund: Es ist oft sehr voll und man muss sehr lange warten, bis man die Geräte benutzen kann.

2 1. kündige 2. bestätigen 3. teilen 4. endet

3 Beispiellösung:

> Sehr geehrte Damen und Herren,
>
> hiermit kündige ich meine Mitgliedschaft im Fußballclub Kirchhausen zum nächstmöglichen Zeitpunkt.
> Bitte bestätigen Sie meine Kündigung und teilen Sie mir mit, zu welchem Datum meine Mitgliedschaft endet.
>
> Mit freundlichen Grüßen
> (Vorname Nachname)

E Kaufen und verkaufen

19 Bestellformulare

1 1. wie Rechnungsadresse; Ja, ich stimme den AGB und der Datenschutzerklärung zu. 2. Kreditkarte 3. Rafael Oliveira da Silva 4. 5463 3364 5647 5632 5. 10/25 6. 889

20 Auf Kleinanzeigen reagieren

1a 1. Ich interessiere mich für das Fahrrad. 2. Funktionieren die Bremsen? 3. die Bremsen sind in Ordnung. 4. Ich bin bis vor Kurzem selbst noch mit dem Fahrrad gefahren. 5. Kann ich es mir mal ansehen? 6. Wie wäre es morgen Nachmittag um 3?

1b 1. es mir 2. ihn uns 3. sie uns 4. ihn mir

2 Ist die Waschmaschine noch zu haben? 2. Ist sie in einem guten Zustand? 3. Kann ich sie mir mal ansehen kommen? 4. Wie groß ist die Waschmaschine denn? 5. Und wie ist die Adresse? 6. Wo soll ich klingeln?

3a 1c, 2a, 3d, 4b

3b 1. ja 2. mal 3. halt 4. denn 5. denn mal

4 Beispiellösungen: 1. Ist der Schreibtisch noch zu haben? 2. Wann könnte ich ihn mir (denn) (mal) ansehen kommen? 3. Und wie ist die Adresse? / Wie ist denn die Adresse? 4. Und wo soll ich klingeln? / Wo soll ich (denn) klingeln? 5. Alles klar! Dann bis Samstag!

21 Online-Anzeigen aufgeben

1a 1. Zubehör 2. VHB (Verhandlungsbasis) 3. gepflegt 4. inkl. (inklusive) 5. Guter Zustand 6. leichte Gebrauchsspuren 7. Nur an Selbstabholer.

1b Beispiellösung: Gitarre mit Zubehör, 350€ VHB. Schönes Instrument, leicht zu spielen, auch für Anfänger. Preis inkl. Koffer, Gurt und Gitarrenständer. Sehr guter Zustand, wie auf dem Foto zu sehen. Nur an Selbstabholer. Privatverkauf, keine Garantie, Gewährleistung oder Rücknahme

2a 1. Suche 2. Bitte 3. Darf 4. Preis

2b Beispiellösung: Suche günstige Tischtennisplatte. Bitte nur für draußen, da wir sie in den Garten stellen wollen. Darf gern älter sein, wenn sie keine größeren Schäden hat. Preis: bis 100 Euro.

22 Produkte bewerten und vergleichen

1 1. gefallen 2. gefällt 3. gefallen 4. gefällt

2 1. als 2. als 3. wie 4. wie 5. als

3 2. ich gedacht hatte. 3. Das Licht ist wärmer, als ich erwartet hatte. 4. Der Schrank ist nicht so stabil, wie ich gehofft hatte. 5. schwierig, als ich befürchtet hatte.

4 2. lauteste, die 3. schlechteste, den 4. langweiligste, die 5. härteste, auf dem

5 Beispiellösungen: 1. Der Rasierer ist nicht so gut wie ein Nassrasierer, aber er gefällt mir trotzdem ganz gut. Der Akku hält länger als bei anderen elektrischen Rasierern. 2. Das ist der beste elektrische Rasierer, den ich je benutzt habe. Aber mein Bart ist nicht so stark (wie bei anderen). Der Rasierer ist leiser und liegt besser in der Hand als mein alter (Rasierer). Außerdem kann man ihn besser reinigen.

23 Erfahrungsberichte

1 1. Als 2. Wenn 3. Wenn 4. Als

2 1b, 2a, 3c, 4c, 5b, 6a, 7a, 8c, 9a, 10b, 11c, 12a

3 positiv: 1, 4, 5; negativ: 2, 3, 6

4 2. Das Regal lässt sich schnell auf- und abbauen. 3. Das Handy lässt sich leicht bedienen. 4. Das Kleid lässt sich auch mit bunten Sachen kombinieren. 5. Die Temperatur lässt sich nicht gut einstellen.

5 1c, 2e, 3a, 4b, 5d

6 Beispiellösungen:

1 ★★★★★ Vor Kurzem ist mir mein Handy runtergefallen und das Display ist kaputtgegangen. Als ich dann ein neues Display bestellt habe, wurde es mit einem kleinen Schraubenzieher und einer Anleitung geliefert. Das neue Display lässt sich ganz leicht einbauen. Ich bin mit dem Service sehr zufrieden. Fairstphone ist das beste Handy, das ich je gehabt habe. Ich würde nie wieder in Handy kaufen, bei dem man die Teile nicht austauschen kann.

2 ★★★★☆ Die Lieferung erfolgte pünktlich, war aber nicht vollständig. Beim Aufbauen habe ich gemerkt, dass das Werkzeug fehlte. Ich habe dann eine E-Mail geschrieben und zwei Tage später das Werkzeug bekommen. Die Kommode lässt sich leicht aufbauen und die Schubladen passen und schließen gut. Die Farbe ist genauso wie auf dem Foto. Mir gefällt die Kommode gut und ich bin insgesamt zufrieden, trotz kleiner Startschwierigkeiten.

3 ☆☆☆☆☆ Als ich den Kühlschrank gesehen habe, hat mir das Design sofort gefallen. Leider ist das Design das Beste an dem Kühlschrank. Selbst auf der höchsten Stufe kühlt er nicht richtig. Außerdem erfolgte die Lieferung ohne Gemüsefach. Und dann ist der Griff schon in der ersten Woche abgebrochen. Dabei ist der Kühlschrank nicht billig! Für den Preis hätte ich mehr erwartet. Ich habe ihn zurückgeschickt.

4 ★★☆☆☆ / ★★★☆☆

Für kurze Wege sind die Schuhe in Ordnung, aber für längere Spaziergänge sind sie nicht geeignet. Oben drücken sie und hinten scheuern sie. Außerdem sind die Nähte nicht gut verarbeitet. Aber die Farbe gefällt mir und die Schuhe lassen sich vielleicht angenehmer tragen, wenn sie ein bisschen eingelaufen sind. Sie waren ziemlich günstig, das Preis-Leistungs-Verhältnis passt also. Ich werde die Schuhe behalten und nicht zurückschicken. Für die Lieferung wurde ein Zeitraum von 48 Stunden genannt, aber sie waren schon am nächsten Tag da.

F Kommunikation am Arbeitsplatz

24 Kommunikation mit Kolleginnen und Kollegen

1

1

Betreff: Mittagessen

Hey Tom!

Kommst du nachher mit uns in die Kantine?
Sandra, Adib und Henry sind auch dabei.
Wir treffen uns um 12 unten vor der Tür und gehen zusammen rüber.
Meld dich doch kurz und sag Bescheid, ob du Zeit hast.

LG
Manal

2

Betreff: neuer Auftrag

Liebe Frau Kohlmeyer,

hätten Sie heute Nachmittag kurz Zeit für mich?
Ich würde gern mit Ihnen über den neuen Auftrag sprechen.
Bitte sagen Sie mir kurz Bescheid, wann es Ihnen passt.
Ich richte mich ganz nach Ihnen.

Herzliche Grüße
Stefano diMasio

2a 1b, 2a, 3c, 4d

2b 1. ihr 2. Sie 3. du 4. Sie 5. du 6. Ich 7. Ich

2c Beispiellösung:

Betreff: Urlaubszeiten

Liebe Kolleg*innen,

hoffentlich hattet ihr / hatten Sie alle ein schönes Wochenende.
Die Urlaubszeit kommt näher, und ich würde gern unseren Urlaub mit euch/Ihnen abstimmen.
Könntet ihr / Könnten Sie mir eure/Ihre gewünschten Urlaubzeiten mitteilen?
@Judith: Möchtest du in den Schulferien Urlaub nehmen?
Ich selbst würde gern die ersten drei Wochen im August nehmen.

Herzliche Grüße
(Vorname Nachname)

3a 1cf, 2dk, 3hj, 4bg, 5el, 6ai

3b formell: a, b, e, f, j, k; informell: c, d, g, h, i, l

3c 1. Bin leider noch in einer Besprechung. 2. Melde mich so schnell wie möglich. 3. Kein Stress, bin auch noch beschäftigt. 4. Hab dir eine Mail mit den Dokumenten geschickt. 5. Hab ich bekommen, danke dir! 6. Sorry, bin ein bisschen spät. 7. Kein Ding, hab schon mal angefangen. 8. Kannst du Karim sagen, dass der Drucker wieder geht? 9. Klar, richte ich aus.

4a 1b, 2d, 3c, 4a

4b Beispiellösungen:

1 Guten Morgen! Wollen wir kurz telefonieren? Wir müssen noch über die Tagesordnung sprechen.

2 Ja, das reicht vollkommen. Diese Woche komme ich sowieso nicht mehr dazu, ihn zu bearbeiten.

3 Ich glaube, mein Mail-Programm geht gerade nicht. Ich kann die Datei nicht öffnen. Kannst du sie vielleicht noch mal an meine andere Adresse schicken?

4 Danke, alles klar. Schönen Feierabend!

25 Kommunikation mit der Verwaltung

1 1. Frau Donner 2. bin ich im Homeoffice 3. ins Büro kommen. 4. dass Sie mir den Vertrag als PDF zuschicken / den Vertrag als PDF zugeschickt zu bekommen 5. ihn digital unterschreiben

2 Beispiellösung:

Betreff: Re: Urlaubsplanung

Lieber Herr Avci,

leider bin ich gerade auf Dienstreise und kann den Urlaub nicht so spontan planen. Wäre es möglich, dass ich Ihnen am Montag Bescheid sage? Dann könnte ich vorher noch mit meiner Familie sprechen.

Viele Grüße
Joy Isiramen

3 1. Liebe Anja 2. mein Stundenzettel (für den September) 3. Liebe Frau Schreiber 4. meinen Stundenzettel (für den September)

4 Beispiellösung: 1. Liebe Leyla 2. Hier kommt mein Personalbogen. Meine Sozialversicherungsnummer reiche ich nach, sobald ich sie habe. 3. Viele Grüße 4. Baris

26 Kommunikation mit Vorgesetzten

1 Beispiellösungen: 1. Liebe Frau Zuckermann 2. habe ich zu dem Zeitpunkt einen Termin mit der Firma Stoll 3. jemand anderes mitkommen könnte 4. den Termin bei Stoll absagen 5. würde das Projekt noch länger dauern 6. Viele Grüße 7. Meghan Heneghan 8. Liebe Frau Zuckermann 9. komme ich zu dem Termin mit 10. unseren Praktikanten 11. mitnehmen 12. Viele Grüße 13. Frank Delroy

2 um Erlaubnis fragen: 4, 5; um Informationen oder Unterlagen bitten: 1, 3; bei Schwierigkeiten um Unterstützung bitten: 2, 6

3 Beispiellösungen:

1

Betreff: Probleme mit dem Internet

Liebe Frau Zimmermann,

ich hatte einige Schwierigkeiten mit dem Internet und wollte fragen, ob jemand überprüfen könnte, woran es liegt.
Diese Probleme hatte ich schon früher.
Leider konnte ich durch die technischen Probleme den ganzen Tag nicht recherchieren. Wäre es (daher) in Ordnung, wenn ich den Artikel einen Tag später abgeben würde? / Ist es in Ordnung, wenn ich den Artikel einen Tag später abgebe?

Viele Grüße
Samuel Hofer

2

Betreff: Finanzplan

Lieber Herr Kaminsky,

für den Finanzplan bräuchte ich noch einige Hintergrundinformationen. Könnten Sie mir eine Aufstellung der einzelnen Posten zuschicken?

Vielen Dank und herzliche Grüße
Heike Weber

3

Betreff: Mittagspause heute

Lieber Herr Zingarelli,

wäre es in Ordnung, wenn ich heute eine halbe Stunde länger Mittagspause machen würde? Leider muss ich meine Kinder von der Schule abholen und nach Hause bringen. Die halbe Stunde würde ich gern heute Nachmittag/Abend nachholen und später Feierabend machen, wenn das in Ordnung ist.

Viele Grüße
Hassan Ahmadi

G Kommunikation mit Dienstleistern

27 Handy, Telefon, Internet

1 1. Rufnummermitnahme 2. Freiminuten 3. (einmalige) Servicegebühr 4. Downloadgeschwindigkeit

2 1. Nein 2. Nein 3. Olga 4. Semjonow 5. DE02 7803 0456 3777 7525 00 6. Hiermit erteile ich das SEPA-Lastschriftmandat.

3a 2. mit dem ich zufrieden bin 3. bei dem ich mindestens 20 GB Daten habe 4. die in dem Paket „Vieltelefonierer*innen“ enthalten ist 5. für das ich den Vertrag brauche 6. das zu dieser Beschreibung passt

3b 1. zurzeit habe ich den Tarif „Wenigtelefonierer*innen“. 2. Aber ich telefoniere doch mehr, als ich gedacht habe. 3. Deshalb würde ich gern in den Tarif „Gernetelefonierer*innen“ wechseln. 4. Könnten Sie meinen Vertrag zum nächstmöglichen Zeitpunkt ändern? 5. Über eine kurze Antwort würde ich mich freuen.

4 Beispiellösungen:

1

Betreff: Frage zu Ihrem Angebot

Sehr geehrte Damen und Herren,

ich interessiere mich für Ihr Angebot. Aber leider habe ich auf Ihrer Homepage kein Paket gefunden, mit dem ich zufrieden bin. Ich hätte gern eine Allnet-Flat zum Telefonieren, aber ich brauche die mobilen Daten nicht, die in den Paketen enthalten sind. Mit dem Handy, für das ich den Vertrag brauche, gehe ich nicht ins Internet. Könnten Sie mir ein Angebot machen, das zu dieser Beschreibung passt?

Mit freundlichen Grüßen
(Vorname Nachname)

2

Betreff: Bitte um Vertragsänderung

Sehr geehrte Damen und Herren,

zurzeit habe ich den Tarif „Vieltelefonierer*innen“. Aber ich brauche weniger Daten, als ich gedacht habe. Deshalb würde ich gern in den Tarif „Gernetelefonierer*innen“ wechseln. Könnten Sie meinen Vertrag zum nächstmöglichen Zeitpunkt ändern? Über eine kurze Antwort würde ich mich freuen.

Mit freundlichen Grüßen
(Vorname Nachname)

28 Mit Banken kommunizieren

1a 1F, 2C, 3B, 4D, 5E, 6G, 7A

1b 12 Kreuze (1. Neukunde/Neukundin 2. Herr/Frau/keine Anrede 3. Ich eröffne das Konto für mich selbst […] 4. Ich stimme der Datenschutzerklärung zu. 5.-7. bei „3 Steuerliche Angaben“: 5. Nein. 6. Nein. 7. Nein. 8. MasterCard Classic 9. Ich bestätige, dass ich die Vertragsbedingungen gelesen und verstanden habe […] 10. Ich akzeptiere folgende Bedingungen: […] 11. Ich stimme der Datenübermittlung an die SCHUFA zu. 12. Online-Ausweisfunktion

2a 1. leider finde ich meine Girokarte nicht mehr. 2. Könnten Sie die Karte sperren und mir eine neue Karte mit PIN zusenden?

2b Beispiellösungen:

1

Betreff: Zugangsdaten für das Online-Banking

Sehr geehrte Damen und Herren,

leider habe ich meine Zugangsdaten für das Online-Banking vergessen. Könnten Sie mir neue Zugangsdaten zusenden?

Mit freundlichen Grüßen
(Vorname Nachname)

2

Betreff: falsche Eingabe der PIN

Sehr geehrte Damen und Herren,

leider habe ich meine PIN dreimal falsch eingegeben. Könnten Sie mir sagen, was ich machen soll?

Mit freundlichen Grüßen
(Vorname Nachname)

29 Mit Versicherungen kommunizieren

1a 1D, 2C, 3A, 4B, 5G, 6H, 7F, 8E

1b Eigene Lösung: Vergleichen Sie dazu den Hinweis im Vorwort und die Regeln, die Sie in Kapitel A gelernt haben.

2a 1. hiermit möchte ich Ihnen mitteilen 2. Meine neue Adresse lautet 3. Über eine kurze Bestätigung

2b 1. hiermit möchte ich einen Schaden melden. 2. Der Schaden ist folgendermaßen entstanden: 3. Geben Sie mir bitte Bescheid, wie wir weiter vorgehen sollen. 4. Im Anhang sende ich Ihnen ein Foto von dem entstandenen Schaden.

3 Beispiellösungen:

1

Betreff: neue Telefonnummer

Sehr geehrte Damen und Herren,

hiermit möchte ich Ihnen meine neue Telefonnummer mitteilen. Sie lautet: 04857/3410.
Über eine kurze Bestätigung würde ich mich freuen.

Mit freundlichen Grüßen
Lisa Prien

2

Betreff: Wasserschaden

Sehr geehrte Damen und Herren,

hiermit möchte ich einen Schaden melden. Er ist folgendermaßen entstanden: Meine Waschmaschine ist ausgelaufen, und dabei ist Wasser in die Wohnung darunter gekommen. Ich würde Sie bitten, den Schaden zu übernehmen. Wie hoch er ist, kann ich leider nicht sagen. Geben Sie mir bitte Bescheid, wie ich weiter vorgehen soll. Im Anhang sende ich Ihnen ein Foto von dem entstandenen Schaden.

Mit freundlichen Grüßen
Luca Vitale

30 Mit Handwerksbetrieben kommunizieren

1 1. Türsprechanlage 2. Kostenvoranschlag 3. Reparatur 4. Anhang

2 1. Angebot 2. Anlage 3. Kosten 4. Bestätigung 5. Termin

3 1. Sehr geehrter Herr Heubeck 2. vielen Dank 3. den ich hiermit 4. Mit freundlichen Grüßen

4 Beispiellösung:

Betreff: Kostenvoranschlag für einen Wasserhahn

Sehr geehrte Damen und Herren,

mein Wasserhahn ist kaputt. Er tropft und lässt sich nicht mehr richtig schließen. Könnten Sie mir einen Kostenvoranschlag für die Reparatur machen? Im Anhang sende ich Ihnen ein Foto des Wasserhahns.

Mit freundlichen Grüßen
(Vorname Nachname)

5 Beispiellösung:

Betreff: Re: Re: Kostenvoranschlag für einen Wasserhahn

Sehr geehrte Frau Bacchi,

vielen Dank für das Angebot. Ich hätte gern das Standardmodell. Die Kosten übernimmt mein Vermieter. Er hat mich aber gebeten, den Termin direkt mit Ihnen zu vereinbaren. Wann hätten Sie (denn) einen Termin frei?

Mit freundlichen Grüßen
(Vorname Nachname)

31 Falsche Rechnungen

1 2, 4, 5, 6

2 1. Nachzahlung 2. stimmen 3. würde Sie bitten 4. überprüfen 5. Anhang

3 1c, 2a, 3b, 4e, 5d

4 Beispiellösungen:

1 **Betreff:** Ihre Rechnung mit der Nummer F_647589_13.02.2022_G

Sehr geehrte Damen und Herren,

auf meiner Rechnung Nr. F_647589_13.02.2022_G berechnen Sie einen Gesamtverbrauch von 1601 m^3. Da muss ein Fehler vorliegen. Der Zählerstand, den Sie nennen, stimmt nicht. Mein aktueller Zählerstand beträgt 4234 m^3. Ich würde Sie bitten, die Rechnung noch einmal zu überprüfen. Im Anhang sende ich Ihnen ein Foto von meinem aktuellen Zählerstand.

Mit freundlichen Grüßen
(Vorname Nachname)

2 **Betreff:** Ihre Rechnung vom ...

Sehr geehrte Damen und Herren,

auf Ihrer Rechnung berechnen Sie zwei Waschbecken „Florenz". Das kann nicht stimmen, denn bei mir wurde nur ein Waschbecken eingebaut/installiert. Die Arbeitszeit ist mit 2,5 Stunden richtig angegeben. Würden Sie die Berechnung noch einmal überprüfen?

Mit freundlichen Grüßen
(Vorname Nachname)

H Kommunikation mit Behörden

32 Behördensprache

1 1c, 2d, 3a, 4g, 5e, 6b, 7f

2 die Antragstellerin/der Antragsteller: 1, 5, 6, 8; die Behörde: 3, 4, 7; beide Seiten: 2

3 1. beantrage 2. erstattet 3. ausgestellt 4. lege … ein

4a eine Person: 2, 6; ein Gesetz: 1; Geld: 3, 4, 9; ein Dokument: 5, 7, 8

4b 1. Ehegattennachzug 2. Niederlassungserlaubnis 3. Weiterleistungsantrag 4. Erwerbstätigkeit 5. Aufenthaltszweck

4c 1. auf 2. zur 3. der 4. über 5. zur

33 Eine Aufenthaltserlaubnis beantragen

1a 1. X 2. X 3. für mich selbst 4. ja 5. 25.03.20.. 6. Visum 7. Erwerbstätigkeit 8. Erwerbstätigkeit 9. Aufenthaltserlaubnis 10. ja 11. nein 12. nein 13. nein 14. nein 15. Ingenieur

1b 2, 3

34 Einen formlosen Antrag auf Auskunft stellen

1 1. Antrag 2. Auskunft 3. Daten 4. Speicherung 5. Empfänger 6. Kopie

2 Beispiellösung:

Betreff: Auskunft nach der DGSVO

Sehr geehrte Damen und Herren,

hiermit bitte ich nach der Datenschutz-Grundverordnung (DGSVO) um eine kostenlose Auskunft zu folgenden Punkten:
- alle Daten, die Ihr Unternehmen zu meiner Person gespeichert hat
- die Herkunft dieser Daten
- den Zweck der Speicherung
- wenn meine Daten an Dritte weitergegeben wurden: alle Empfänger, die meine Daten bekommen haben

Bitte senden Sie mir die Auskunft bis zum (Datum) schriftlich zu. Im Anhang sende ich Ihnen eine Kopie meines Ausweises.

Mit freundlichen Grüßen
(Vorname Nachname)

35 Dokumente nachreichen

1 1. im Anhang sende ich Ihnen einen Scan meiner Aufenthaltserlaubnis und meines Passes. 2. Die neue Arbeitserlaubnis habe ich beantragt. 3. Sie wurde aber noch nicht ausgestellt. 4. Sobald ich sie habe, reiche ich sie nach. 5. Ich rechne damit, dass ich sie in etwa zwei Wochen bekomme.

2 Beispiellösung:

1 **Betreff:** mein Antrag auf Wohngeld - fehlende Unterlagen

Sehr geehrte Frau Rüdiger,

im Anhang sende ich Ihnen einen Scan meines Mietvertrags. Das Arbeitslosengeld I hat meine Frau beantragt. Der Bescheid wurde aber noch nicht ausgestellt. Sobald wir ihn haben, reiche ich ihn nach. Ich rechne damit, dass sie ihn nächste Woche bekommt.

Mit freundlichen Grüßen
(Vorname Nachname)

2 **Betreff:** mein Antrag auf Wohngeld - fehlende Unterlagen (Nachtrag)

Sehr geehrte Frau Rüdiger,

im Anhang sende ich Ihnen den Bescheid für das Arbeitslosengeld meiner Ehefrau.
Meinen Mietvertrag habe ich Ihnen bereits am 29.11.20.. geschickt. Könnten Sie das überprüfen?

Mit freundlichen Grüßen
(Vorname Nachname)

36 Nachfragen

1 1. am 31.10.20.. habe ich einen Antrag auf Ehegattennachzug aus dem Ausland gestellt. 2. Es ging dabei um den Nachzug meines Ehemannes Tarek Saeed. 3. Bisher habe ich keine Antwort von Ihnen bekommen. 4. Könnten Sie den Vorgang

prüfen und mir zeitnah Bescheid geben, ob mein Antrag bearbeitet wird?

2 Beispiellösungen:

1

Betreff: Antrag auf Kindergeld

Sehr geehrte Damen und Herren,

am (Datum) habe ich einen Antrag auf Kindergeld gestellt. Es ging dabei um meine Töchter Mercedes und Esperanza. Bisher habe ich keine Antwort von Ihnen bekommen. Könnten Sie den Vorgang prüfen und mir zeitnah Bescheid geben, ob mein Antrag bearbeitet wird?

Mit freundlichen Grüßen
(Vorname Nachname)

2

Betreff: Antrag auf Elterngeld

Sehr geehrter Herr Nguyen,

am (Datum) habe ich einen Antrag auf Elterngeld gestellt. Es ging dabei um meinen Sohn Christos Galanis. Die Geburtsbescheinigung meines Sohnes habe ich am (Datum) nachgereicht. Bisher habe ich keine Antwort von Ihnen bekommen. Könnten Sie den Vorgang prüfen und mir zeitnah Bescheid geben, ob mein Antrag bearbeitet wird?

Mit freundlichen Grüßen
(Vorname Nachname)

37 Widerspruch einlegen

1 1. Sanktionsbescheid 2. 13.05.20.. 3. Widerspruch 4. Arbeitsangebot 5. Lage 6. Aufhebung 7. Auszahlung

2 Beispiellösung:

Betreff: Widerspruch gegen Ihren Sanktionsbescheid vom 02.08.20..

Sehr geehrte Damen und Herren,

hiermit lege ich fristgerecht Widerspruch gegen Ihren Sanktionsbescheid vom 02.08.20… ein.
Meinen Widerspruch begründe ich wie folgt: An dem angebotenen Termin am 25.07.20… hatte ich einen Arzttermin.
Diesen Termin hatte ich Ihnen am 24.07. mitgeteilt.
Ich bitte daher um Aufhebung des Bescheids und um sofortige Auszahlung der ungekürzten Leistungen.

Mit freundlichen Grüßen
Rui Xing

38 Anzeige erstatten

1 1c, 2e, 3a, 4f, 5b, 6d

2 1. Strafanzeige 2. ja 3. Reichertstraße 7 4. 09.11. 5. 7:15 Uhr 6. Jemand hat mein Fahrrad gestohlen. 7. nein 8. --- 9. ja 10. Sandra Nowotny, Reichertstraße 5.

I Prüfungstraining

39 Prüfung: Vorbereitung und Strategien

1 1. Schreiben 2. korrigieren 3. vergleichen 4. Lernen 5. Merken 6. Arbeiten 7. kontrollieren

2 1. zwei, Ende, zwei, Subjekt 2. Komma 3. Ort 4. groß 5. groß, klein

3 1d, 2a, 3f, 4b, 5e, 6c

40 Das Goethe-Zertifikat B1

1 Beispiellösung:

Betreff: mein Wochenende

Lieber Felix,

wie war dein Wochenende?
Ich habe am Sonntag einen tollen Film gesehen. Es ging um einen Mann, der aus Amerika in ein kleines Tal in Österreich kommt. Das Dorf wird von einem Bauern und seinen fünf Söhnen beherrscht.
Ich glaube, dass dir der Film gefallen würde, weil es ein Western ist, der in Österreich spielt. Du magst doch auch italienische Western so gern.
Wenn du nächstes Wochenende Zeit hast, könnten wir den Film noch einmal zusammen ansehen. Wie wäre es mit Samstagabend um sechs Uhr? Ich würde mich freuen.

Liebe Grüße
(Vorname Nachname)

2 Beispiellösung:

Wenn man sich einen Hund holt, sollte man meiner Meinung nach genau überlegen, wie man das organisieren möchte. Ein Hund ist ein sehr treues Tier. Wenn man einen Hund kauft und später wieder weggibt, ist das sehr schlimm für ihn. Außerdem braucht man für einen Hund viel Zeit. Man muss mit ihm spazieren gehen und spielen und ihn gut erziehen. Das bedeutet, dass man auch viel über Hunde wissen muss. Ich finde, dass man mit einem Hund viel Verantwortung übernimmt. Für mich heißt das auch, dass man länger planen muss als nur für die nächsten Wochen oder Monate.

3 Beispiellösung:

Betreff: Kündigung meiner Mitgliedschaft

Sehr geehrte Damen und Herren,

zum 20.05.20.. habe ich meine Mitgliedschaft bei Ihnen gekündigt. Leider ist der Mitgliedsbeitrag diesen Monat wieder von meinem Konto abgebucht worden. Ich bitte Sie, das zu überprüfen und mir den Betrag, den ich zu viel gezahlt habe, wieder auf mein Konto zu überweisen. (Im Anhang sende ich Ihnen die Bestätigung meiner Kündigung.)

Mit freundlichen Grüßen
(Vorname Nachname)

41 ÖSD Zertifikat Deutsch Österreich B1

Beispiellösungen:

Variante A

Betreff: Treffen zum Quatschen

Liebe Sarah,

wie schön, dass du eine Arbeit gefunden hast! Das freut mich sehr. Du musst mir unbedingt mehr darüber erzählen.
Hast du nächste Woche Zeit? Wir könnten zum Beispiel am Mittwoch zusammen ins Café Rosa gehen.
Meine Reise war sehr schön. Die Wanderungen haben Spaß gemacht und die Landschaft war toll. Ich erzähle dir davon, wenn wir uns sehen.

Viele liebe Grüße
(Vorname Nachname)

Variante B

Betreff: B1-Kurs

Sehr geehrter Herr Kreuzmüller,

vielen Dank für das Angebot.
Leider kann ich nicht an dem Kurs teilnehmen, weil ich nachmittags regelmäßig meine Kinder betreuen muss.
Bieten Sie auch Vormittagskurse an und könnten Sie mir dazu mehr Informationen schicken?
Und noch eine Frage: Soll ich mein B1-Zertifikat bei der Anmeldung mitschicken?
Vielen Dank im Voraus.

Mit freundlichen Grüßen
(Vorname Nachname)

42 Zertifikat Deutsch / telc Deutsch B1

Beispiellösung:

Betreff: Wohnungsbesichtigung in der Bleistraße 11

Sehr geehrte Frau Yildiz,

vielen Dank für Ihre Nachricht. Ich freue mich, dass die Wohnung noch frei ist.
Leider habe ich am Montag erst ab 17 Uhr Zeit, weil ich bis 16 Uhr arbeiten muss. Wäre es möglich, den Termin auf 17 Uhr zu verschieben?
Das Dokument habe ich ausgefüllt und sende es Ihnen im Anhang zurück.
Einen Personalausweis habe ich leider nicht, aber ich bringe meinen (nigerianischen/chinesischen/argentinischen) Pass mit.
Bitte geben Sie mir kurz Bescheid, ob Ihnen die Uhrzeit passt.

Mit freundlichen Grüßen
(Vorname Nachname)

Bildnachweis

6.1 123RF.com (aratehortua), Nidderau; **6.2** Getty Images (yacobchuk), München; **7** Getty Images (ufukvural); **8** Getty Images (Darrell Gulin); **9** Getty Images (TommL); **10** Getty Images (musk); **11** Getty Images (10';000 Hours); **12.1** Getty Images (recep-bg); **12.2** Getty Images (Serega); **12.3** Getty Images (bazilfoto); **14** Getty Images (stockcam); **17.1** Getty Images (Canberk Sezer); **17.2** Getty Images (hadynyah); **17.3** Getty Images (3bugsmom); **18** Getty Images (towfiqu ahamed); **19** Getty Images (Nastasic); **20.1** Getty Images (Y.Gurevich); **20.2** Getty Images (stelios); **22.1** Getty Images (kamisoka); **22.2** Getty Images (JohnnyGreig); **22.3** Getty Images (miya227); **23.1** Getty Images (Eskemar); **23.2** Getty Images (Alexandra Lorenz); **23.3** Getty Images (assalve); **23.4** Getty Images (Imagesines); **24** Getty Images (Uwe Krejci); **26.1** Getty Images (William Rodrigues dos Santos); **26.2** Getty Images (MmeEmil); **26.3** Getty Images (Artis777); **27.1** Getty Images (Images By Tang Ming Tung); **27.2** Getty Images (Octavian Lazar); **28.1** Getty Images (kevinjeon00); **28.2** Getty Images (NAKphotos); **28.3** Getty Images (heinteh); **28.4** Getty Images (skynesher); **28.5** Getty Images (isabela66); **28.6** Getty Images (NOKFreelance); **29.1** Getty Images (dmbaker); **29.2** Getty Images (Pulse); **29.3** Getty Images (artisteer); **29.4** Getty Images (Maksym Isachenko); **30.1** Getty Images (Marian Hepp); **30.2** Getty Images (Martin Poole); **30.3** Getty Images (Silke Woweries); **31.1** Getty Images (Image Source); **31.2** Getty Images (Peter Dazeley); **32** Getty Images (pxel66); **33.1** Getty Images (Zoonar RF); **33.2** Getty Images (greenicetea); **34** Getty Images (RgStudio); **35** Getty Images (monkeybusinessimages); **36** Getty Images (Olarty); **38** Getty Images (sketchgrind); **39** Getty Images (bortonia); **40** Getty Images (Tim Kitchen); **41** Getty Images (Klaus Vedfelt); **43.1** Getty Images (Tom Werner); **43.2** Getty Images (TommL); **43.3** Getty Images (Tom Werner); **43.4** Getty Images (cjp); **44.1** Getty Images (Hinterhaus Productions); **44.2** Getty Images (MilosBataveljic); **45** Getty Images (nito100); **47.1** Getty Images (Tom Werner); **47.2** Getty Images (ViktorCap); **48.1** Getty Images (dragana991); **48.2** Getty Images (dragana991); **50,68** 123RF.com (tuulijumala); **50.1** Getty Images (jonpic); **50.2** Getty Images (jonpic); **50.3** Getty Images (FG Trade); **51** Getty Images (tortoon); **52** Getty Images (JazzIRT); **54.1** Getty Images (rickszczechowski); **54.2** Getty Images (DNY59); **56** Getty Images (Ljupco); **58** 123RF.com (farakos); **59.1** Getty Images (Ralf Geithe); **59.2** Getty Images (Jaswinder Singh); **59.3** Getty Images (Ayman-Alakhras); **59.4** Getty Images (Liudmila Chernetska); **60** Getty Images (Luis Alvarez); **61.1** Getty Images (Luis Alvarez); **61.2** Getty Images (Luis Alvarez); **61.3** Getty Images (suedhang); **64.1** Getty Images (South_agency); **64.2** Getty Images (Constantinis); **66.1** Getty Images (alvarez); **66.2** Getty Images (Luis Alvarez); **67.1** Getty Images (PeopleImages); **67.2** Getty Images (Integrity Pictures Inc); **67.3** Getty Images (MoMo Productions); **68.1** Getty Images (Xsandra); **73** Getty Images (Steve Cicero); **74** Getty Images (MagMos); **75** Getty Images (nicolas_); **76.1** Getty Images (DjelicS); **76.2** Getty Images (Evgen_Prozhyrko); **77** Getty Images (Thomas Faull); **80** Getty Images (PeopleImages); **82** Getty Images (Cecilie_Arcurs); **83.1** Getty Images (Hill Street Studios); **83.2** Getty Images (Jose Luis Pelaez Inc); **83.3** Getty Images (Thanasis Zovoilis); **85** 123RF.com (tommaso79)

DEUTSCH INTENSIV Das Training.

Die Reihe zur gezielten Übung von Grammatik, Wortschatz, Fertigkeiten und zur Vorbereitung auf den Beruf.

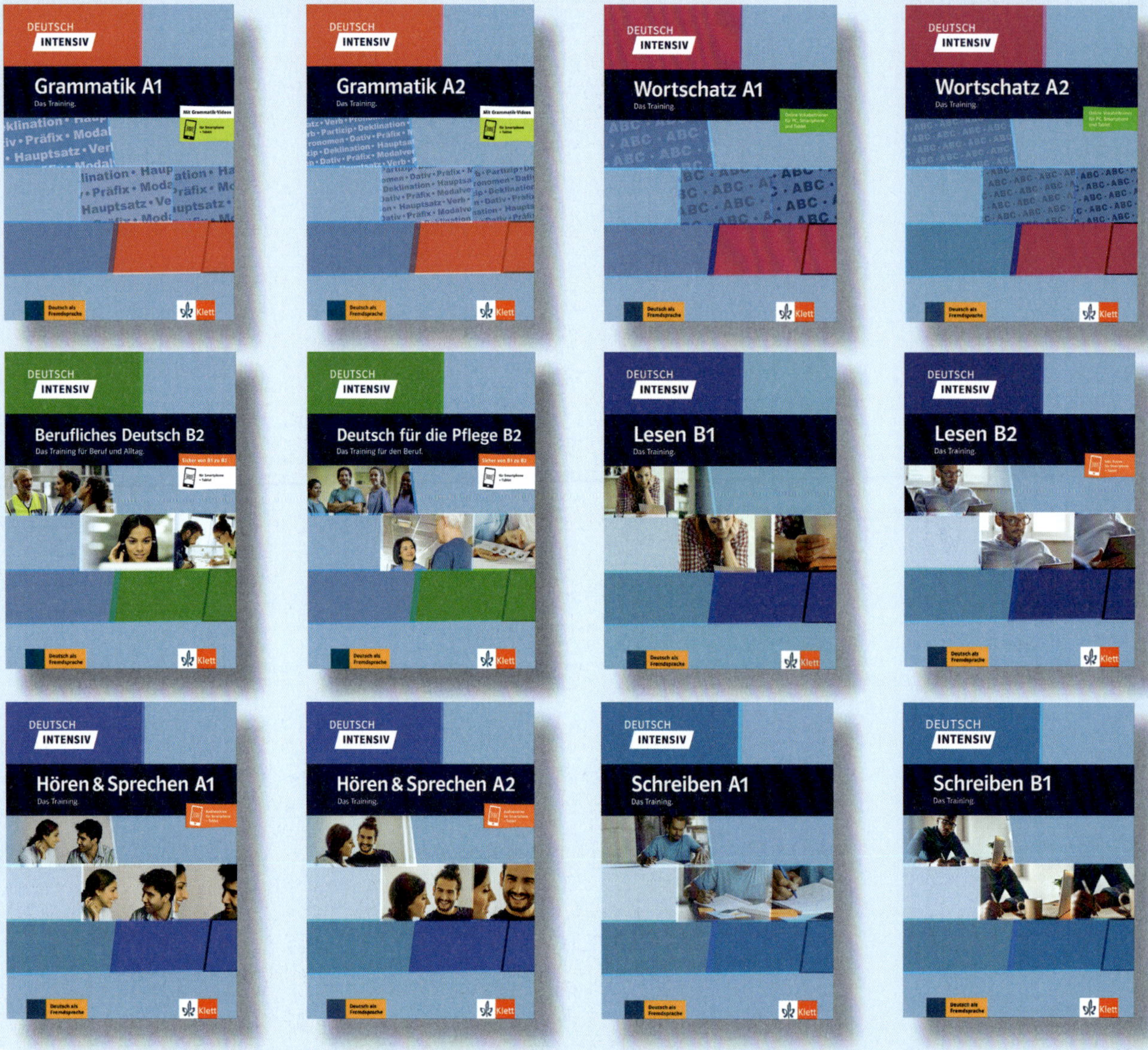

Diese und alle weiteren Titel der Reihe *Deutsch intensiv* finden Sie auf:
www.klett-sprachen.de/deutsch-intensiv

vertiefen – wiederholen – festigen

Im DaF-Kurs oder zum Selbstlernen